哲學研究叢書・學術思想叢刊

宋至清代儒釋道文化在海南府城傳播問題研究

李金操　著

基金專案：本研究獲廣州市哲學社會科學「十三五」規劃二〇一八年度一般項目「中國特色社會主義宗教觀的歷史淵藪與時代價值」（2018GZYB32）、廣東省哲學社會科學「十三五」規劃二〇二〇年度青年專案「唐代南方邊疆豪酋割據問題治理研究——以『南選』實施為中心」（GD20YZL02）、《海口市瓊山區「瓊臺復興計畫」之文化遺產專項研究》二〇一七～二〇一九年度項目子課題「多樣性的宗教信仰：口述歷史與集體記憶」提供的經費支援。

目次

自序

　　我在暨南大學攻讀博士學位期間，中國社會科學院的張繼焦研究員邀請我參加他主持的「瓊臺復興計劃」之文化遺產專項研究二〇一七至二〇一九年度項目。因項目研究需要，我曾多次到海南府城，開展針對當地傳統信仰文化遺產的調研工作。在調研期間發現，當下海南府城及其周邊地區依舊保留著較為完備的傳統信仰文化——包括為古代中央、地方政府大力推廣的儒釋道文化，以及在民間廣泛傳播的祠神信仰文化，表明海南的信仰文化與古代中原漢地的信仰文化是一脈相承的。對中原漢地信仰文化，特別是作為官方信仰教化思想之儒釋道三教在海南府城傳播進程的還原，不僅能幫助我們管窺古代海南由「蠻裔」演變為「神州」、由華夏「邊緣」演變為「華夏」的具體經過，還能幫助我們更好的挖掘當地信仰文化遺產的價值，具有十分重要的學術意義和現實意義，故我認為有必要對相關問題進行梳理。

　　由於宋代以前中央政權對海南的統治尚不夠深入，加之府城尚未成為穩定的區域政治中心，儒釋道文化在府城傳播的速度相對較慢。自北宋開寶四年朝廷在此置瓊州州署，並詔「以嶺南儋、崖、振、萬安等四州隸瓊」以後，府城一躍成為統轄整個海南的政治中心。因此便利，中央政府制定的儒釋道教化政令在府城地區得到有力貫徹，府城地區隨之成為儒釋道文化向海南傳播的前沿陣地。宋元時期是中原儒釋道文化向海南傳播的第一個關鍵時期，這一時期以儒學、地方壇廟、佛教寺塔、道教宮觀為代表的儒釋道教化空間開始在府城地區普及，府城民眾通過科舉或經明行修入仕的情形愈發普遍，地方民眾因虔誠向佛、向道而成為當世高僧、高道的情形開始出現。這一切均表

明，經過宋元時期的持續傳播，儒釋道文化已成為府城當地信仰文化的重要組成部分。

明代以儒教立國，中央政府制定了十分完備的儒教推廣政策，促進儒教文化在府城地區繁榮發展。這一時期，府城地區不僅官學、私學數量不斷增多、規模不斷擴大，宋元時期尚未修建的紀念性祠廟也開始出現並迅速普及，這无疑是明代府城地區儒教文化繁榮發展的明證。明朝初年，中央政府制定了限制佛教、道教文化發展的政策，一度對府城地區的佛教、道教文化發展產生切實影響。後來，隨著明代帝王的崇佛、崇道舉措日益增多，明初的佛教、道教文化發展限制政策實際被最高統治者帶頭破壞，府城地區的佛教、道教文化也在地方官民的支持下迅速恢復。

清政府繼承了明王朝的信仰教化政策，以儒教立國、對儒教發展大力扶持，對佛教、道教則更多持利用並限制的態度。在中央政府重視下，府城地區的儒教文化又有進一步發展，不僅書院數量遠多於以往任何朝代，「載於祀典」之官方壇廟的數量也多於以往任何歷史時期。因而本書認為，清代是府城地區儒教文化發展的頂峰。雖然清政府制定了限制佛教發展的政策，但由於清代帝王多有崇敬三寶舉措，以滿族貴族為代表的統治階層亦普遍信奉佛教，中央政府制定的佛教文化限制政策並未得到落實，佛教文化在府城的發展亦未因此受到影響。據文獻記載，清代府城地區的佛教寺廟「多至一百數十所」，遠多於以往任何歷史時期，可見清代也是府城地區佛教文化發展的頂峰。清朝統治者對道教發展的態度十分冷淡，府城地區的官方道教因失去政府力量扶持而迅速衰落。在這一時期，府城地區的道教主要向社會中下層發展，通過取信於普通民眾的方式獲取更多生存空間。以上便是我對中原儒釋道文化向海南府城傳播進程的大致認識。因作者能力所限，書中錯漏在所難免，還望讀者見諒。

早在二〇一七年十月筆者第一次到海南府城進行調研時，張繼焦

研究員就鼓勵我寫本書，梳理一下中原漢地信仰文化向海南傳播的主要脈絡，我當時也覺得應該寫本書探討一下相關問題，便一口答應了下來。但由於後來手頭事務逐漸增多，書稿完成時間一拖再拖，直到二〇二一年三月底才大致寫完。書稿的完成，離不開當年張繼焦研究員的提攜與鼓勵，借此機會對他表示衷心的感謝。我的同事——董剛博士在幫我聯繫出版社、指導出版事項上給予很大幫助，如果沒有董剛博士的幫助，這本書很難順利出版，借此機會對他表示誠摯的謝意。萬卷樓的張晏瑞老師、官欣安老師對書籍的排版、校對用心頗多，也要感謝他們的熱心幫助。

李金操

2021年5月於北京師範大學史學研究中心

第一章
緒論

一　研究緣起

　　隨著國家「一帶一路」戰略的不斷推進，海南省戰略前沿的地位日益突顯。在此背景下，海口市政府於二〇一六年推出「瓊臺復興」計畫，意欲通過挖掘海南傳統政治、經濟、文化中心──府城[1]歷史文化遺產價值的方式，提升城市的核心競爭力，以便其能更好地承擔海南國際旅遊島、海南自由貿易區和「二十一世紀海上絲綢之路」戰略支點城市的時代使命。筆者有幸參與「瓊臺復興計畫」二〇一七～二〇一九年度文化遺產調研工作小組（下簡稱調研小組），做了不少針對當地傳統信仰文化遺產的調研工作。在調研期間筆者發現，當下海南府城及周邊地區仍保留著較為完備的傳統信仰文化──包括為古代中央、地方政府大力推廣的儒釋道信仰文化，以及在民間廣泛傳播的祠神信仰文化，這與經見傳世文獻記載之中原民眾廣泛參與儒釋道及民間信仰崇祀的情形並無不同。調研小組成員普遍認為，若想挖掘府城信仰文化遺產的價值，不僅要關注當下的信仰文化遺存，還要明晰這些信仰文化在府城傳播的具體進程。因參與調研的學者多是人類學出身，歷史學出身者相對較少，使得對傳統信仰文化在府城傳播進程溯源的任務，最終落到了我的肩上。

1　府城即古代瓊州府治所在，自開寶四年（西元971年）北宋政府在此置瓊州州署，並「以嶺南儋、崖、振、萬安等四州隸瓊州」後的近千年間，該地一直是統轄整個海南的政治、經濟、文化、軍事中心（可參見黃秋麗：《瓊山縣在海南歷史上的重要地位及發掘其歷史文化資源的設想》，海口市：海南師範大學，2013年碩士學位論文）。

二 研究範圍

本研究的選題為「宋至清代儒釋道文化在海南府城傳播問題研究」，主要探討宋至清代儒釋道文化在海南府城及其附郭縣瓊山縣傳播的情況。在進行具體研究之前，有必要對本研究的時間、空間範圍進行限定說明。唐代儒釋道文化已經開始向海南傳播，但由於在北宋開寶四年以前，府城地區尚非海南穩定的政治、經濟、文化中心，是以本研究時間範圍起自宋代。當然，由於信仰文化的傳播具有一定的連續性，在進行具體論述時，我們有可能將研究時段上溯至唐五代甚至更早。當下的中國史學界習慣將一八四〇年鴉片戰爭爆發視為中國古代史和中國近現代史的時間分界，研究古代專門史的學者亦習慣將研究時段限定在一八四〇年以前。但由於本研究探討的信仰文化屬意識形態範疇，其演變進程往往落後於社會變革的步伐。直至晚清時期，中國的官方信仰教化思想依舊是儒釋道三教，是以我們將研究的時間範圍下延至晚清時期。

「瓊臺復興計畫」的主要調研區域──府城位於今海口市瓊山區瓊州大道以西、龍昆南路以東、紅城湖路以南、鳳翔路以北，該區域主要是古代瓊州府府治及其附郭縣瓊山縣縣治所在的城區（僅周邊少部分地區是緊靠城牆的近郊鄉區）。當下，海南省政府、海口市政府均已不設在府城。府城既不再是輻射整個海南的政治中心，其與周邊地區的經濟文化聯繫相對有限，自可將其視為一獨立、完整的文化區。但在古代，府城是整個海南的政治、經濟、文化中心，其與周邊地區，特別是與瓊州府附郭縣瓊山縣下轄鄉區的經濟文化聯繫十分緊密，我們在對儒釋道文化在府城傳播問題進行溯源時，不能將府城城區與瓊山縣下轄鄉區割裂開來。故雖然當下「瓊臺復興計畫」調研的主體區域是古代瓊州府城城區，但本研究的空間範圍不僅包括城區，還包括瓊山縣下轄的所有鄉區。即，本研究所說的府城，實際上涵蓋了整個瓊山縣境。

三　學術史回顧

與本研究有關的學術成果主要包括以下幾類。

其一，研究海南區域史的通史性著作。日本學者小葉田淳的《海南島史》將遠古至清代海南島的開發進程劃分為「黎明期（遠古至唐五代）」「開發期（宋元）」「近代（明清）」三個階段。該書在介紹唐至清代海南島文化發展特點時，對一些重要的歷史事件，如唐代鑑真一行人在海南的活動、宋代儒釋道教化場所的修建、元代元文宗主導下普明寺的修建、明代海南官私學的增建、清代海南各地書院的修建等問題給予簡要闡述。楊德春的《海南島古代簡史》（長春市：東北師範大學出版社，1988年版）簡要敘述了原始社會至清代海南島的發展史，該書第二章第五節「從西漢至元朝的文化教育」、第三章第五節「明朝海南島文化的高漲」、第四章第四節「清朝海南島的文化」涉及宋至清代儒教教化思想在海南推廣的問題。林日舉的《海南史》（長春市：吉林人民出版社，2002年版）主要研究建國前漢族與海南島少數民族共同開發海南的歷史，該書第四章第二節、第四節和第五章第三節、第五節分別探討宋、元、明、清時期海南省的經濟、文化發展，並重點分析了儒學傳播對海南科舉的影響。以上三部通史的內容相對簡略，雖對儒釋道文化在海南傳播問題略有涉及，但著墨不多。與上述三部通史性著作僅對海南歷史進行簡要闡述不同，周偉民、唐玲玲的《海南通史》（北京市：人民出版社，2017年版）是一部六卷本巨著，內容十分詳實。[2] 該書第二卷「宋元卷」第六章「宋代的宗教與民俗」、第七章「宋代海南的教育與文化」、第十四章「元代海南的宗教」、第十五章「元代海南的教育與文化」，第三卷「明代

2　分別是第一卷「先秦至五代十國卷」、第二卷「宋元卷」、第三卷「明代卷」、第四卷「清代卷」、第五卷「民國卷」和第六卷「當代卷」。

卷」第五章「明代海南民族與文化的融合」、第六章「明代海南教育與文化」、第七章「明代海南宗教與民俗」，以及第三卷「清代卷」第五章「清代海南的教育與文化」探討了宋至清代儒釋道文化在海南傳播的問題，其中有不少內容涉及府城，為本研究的開展提供不少材料、思路和方法上的指導。

其二，研究海南區域文化的通史性著作。儒釋道文化在海南府城的傳播屬文化史研究範疇，研究海南區域文化的通史性著作多對該問題有所涉及。關萬維的《瓊州文化》（瀋陽市：遼寧教育出版社，1998年版）主要探討古今海南民眾的文化生活變遷，該書第六章「中世紀的靈光」結合具體案例，對包括儒釋道文化在內的中原漢地文化在海南的傳播問題給予分析，雖然內容較為簡略，但也能為本研究提供若干案例支援。牛志平的《海南文化史》（海口市：海南出版社、南方出版社，2008年版）主要研究新中國以前海南文化的發展歷程，該書第四章「宋代──海南文化之蔚成」、第五章「元代──海南文化之多元」、第六章「明代──海南文化之鼎盛」、第七章「清代──海南文化之幾點」分別總結了宋、元、明清四朝海南文化的發展特點，並結合不少中原信仰文化傳播的具體例證展開論述，其中有部分內容涉及府城地區。閻根齊、劉冬梅的《海南社會發展史研究（古代卷）》（北京市：光明日報出版社，2011年版）分析了民國以前海南社會發展的總脈絡，該書第七至第九章分別闡述宋元時期、明代、清代海南社會的發展情況，部分內容涉及儒釋道文化在海南府城的傳播。謝越華的《海南教育史》（海口市：海南出版社、南方出版社，2008年版）主要研究海南教育發展的歷史，該書第一章「遠古至元代的海南教育」、第二章「明朝的海南教育」、第三章「清朝的海南教育」涉及宋至清代海南官學、私學、書院教育的發展問題，為我們研究儒學教育在府城地區的推廣提供不少說明。胡素萍、章佩嵐的《海南古代書院》（海口市：海南出版社、南方出版社，2008年版）主要研究古

代海南書院教育的發展歷程，該書第二章「海南古代書院的類型及分布」對不同時期海南書院的地理分布做出詳細統計，指出府城地區是海南書院分布最集中的、書院教育體系最發達的地區。陳柳榮的《古代佛教在海南島的傳播研究》（海南師範大學2016年碩士學位論文）大致梳理了唐至清代中原佛教文化在海南傳播的經過，該學位論文通過統計，得出府城地區是古代海南佛教文化傳播中心的結論。總體上看，研究海南區域文化的通史性著作更多將關注點放在與國家正統信仰教化理念契合度最高的儒學教育層面，對儒家祭祀文化、佛教文化、道教文化在海南傳播的闡述還不夠深入。

其三，探討海南區域文化的專題或斷代研究。除區域史、區域文化史通史性著作外，探討海南區域文化的專題或斷代研究，亦部分涉及儒釋道文化在海南傳播的問題。張朔人的《明代海南文化研究》（北京市：社會科學文獻出版社，2013年版）是一部研究海南文化的斷代史，該書第三章「教育與文化」著重分析明代海南的儒學教育，第四章「宗教傳播及流變」重點闡述明代海南佛教、道教、民間信仰（該書將民間信仰文化視為「道教的民間化」）文化的發展特點，為我們研究明代儒釋道文化在府城傳播的具體情況提供不少說明。楊小薇的《元代海南文化研究》（海南師範大學2013年碩士學位論文）是研究元代海南文化的斷代史，該學位論文第二章「元代海南的教育」探討了元代海南的教育制度對府城教育發展的影響，第五章「元代海南的宗教」分析了元代海南佛教、道教和民間信仰文化的傳播特點。從結構上看，《元代海南文化研究》與《明代海南文化研究》有相似之處，只是文章內容顯得有些單薄。黃秋麗的《瓊山縣在海南歷史上的重要地位》（海南師範大學2013年碩士學位論文）指出瓊山縣是海南歷史上的政治、軍事、經濟、文化中心，該學位論文的第三章主要分析「瓊山縣是海南歷史上的文化中心」，該部分簡要論述了包括儒釋道文化在內之中原傳統文化在瓊山縣落地、傳播的情況。牛硯田的

《明清海南方志《建置志》研究》（海南師範大學2014年碩士學位論文）的第三章第二目「明清海南教育發展」從官、私學的建置出發，探討了明清時期海南教育的發展狀況；第三目從寺院、宮觀、祠廟的建置出發，分析了明清時期海南佛教、道教及民間信仰文化的傳播情況。唐可楊的《明清海南方志《風俗志》研究》（海南師範大學2015年碩士學位論文）涉及歷史時期漢地風俗向海南傳播的問題，有少部分內容涉及到儒釋道文化的傳播。

其四，涉及儒釋道文化在海南傳播的學術專文。符和積的〈海南道教的興起與擴散〉（《海南師範學院學報》社會科學版2005年第2期）梳理了道教在海南傳播的總脈絡，為我們研究道教文化在府城傳播提供不少幫助。朱竑、司徒尚紀的〈行政建制變更對海南島區域文化歷史發展的影響研究〉（《地理科學》2006年第4期）探討了行政區劃變更對中原傳統文化在海南傳播的影響，為本研究提供一個不同的分析視角。趙全鵬的〈古代海南漢族民間信仰研究〉（載閆廣林主編：《海南歷史文化（第二卷）》，北京市：社會科學文獻出版社，2012年版）主要考察了古代海南民間信仰的類型、分布及中原民間信仰文化在海南傳播開來的主要動力因素，為我們研究儒家祀典與海南民間信仰互動提供幫助。莫麗娟的〈海南文化研究中的國家與邊疆〉（《文化學刊》2015年第7期）以冼夫人信仰符號為例，探討了國家利用冼夫人推廣官方教化理念同海南先民對冼夫人「民間化」之崇敬並行不悖的問題，指出海南文化的發展體現了「國家認同」與「區域認同」的統一，並認為這種統一促進海南文化融入中華文化的一體格局中。汪桂平的〈唐宋時期的海南道教〉（載詹石窗主編：《老子學刊》，成都市：巴蜀書社，2017年版）探討了唐宋時期海南道教的發展環境，唐宋文人與海南道士的互動以及海南道教對海南民俗的影響等問題，為我們分析道教在海南初傳、落地時期的社會背景提供不少幫助。劉正剛的〈宋明海南佛寺與佛教世俗化研究〉（《古代文明》

2017年第3期）主要探討清代以前海南佛教世俗化的發展情況，該文徵引史料較為詳實，能為本課題佛教部分研究的開展提供說明。張繼焦、黨壘的〈邊疆地區的中心化還是邊緣化──以海南古代教育為例〉（《青海民族研究》2019年第2期）在學界已有研究的基礎上分析官、民力量共同作用下的海南教育「中心化」問題，進而回應了王明珂的華夏邊緣理論，為本課題的開展提供理論與方法上的指導。查群的〈宋代海南島教化推廣與文化秩序建構〉（《海南師範大學學報》社會科學版2019年第2期）研究了宋代儒教教化推廣對海南文化秩序建構的影響，該文是少有的將儒學教育推廣上升到官方信仰教化理念普及層面的學術成果。這些專文多嘗試在材料、視角或理論方法上尋求突破，較好彌補了部分海南區域史、區域文化史通史及專題、斷代研究的不足。

　　學界對歷史時期儒釋道文化在海南傳播問題的研究已取得不少成果，但總體上看，這些成果存在以下三點不足。其一，現有研究多對儒學教育在海南推廣著墨較多，對佛教、道教文化在海南傳播的探討略顯不足，對儒教文化之重要組成部分──儒家祀典在海南的傳播更是少有論及，還不足以呈現儒釋道文化在海南落地、發展的總體風貌。其二，現有研究多將儒教教化理念推廣與佛教、道教等宗教信仰的傳播割裂開來，但實際上，儒釋道在古代被稱統稱為三教，它們都是國家認可的、與政治統治結合緊密的官方信仰教化思想，應該將三教在邊疆地區的傳播視為一個有機整體。其三，現有研究多將儒學教育視為一種簡單的世俗教育，未將其上升到信仰教化理念推廣的層次。有鑑於此，筆者嘗試通過本研究，對中原儒釋道文化在海南文化中心城市──府城傳播的情況給予系統闡述，希望深化學界對相關問題的認識。

四 研究的思路、內容與方法

（一）研究思路

研究以史料為基礎，在從事本課題研究時，應首先充分掌握與本研究主題密切相關的史料，主要是成書於明清時期和民國初年的海南方志文獻，以及史籍文獻、文人文集和相關碑刻文獻。通過對相關研究材料進行分類、歸納、整理，提取出有用資訊，以便在研究時做到有的放矢。

因時間跨度較長，本課題會根據不同時期儒釋道文化在府城傳播的特點，對研究時段進行合理劃分。本研究不僅會詳細統計不同時段儒學、祀典壇廟、寺廟、宮觀等教化空間的修建情況，還會結合典型的儒釋道文化傳播案例分析不同時期儒釋道文化在府城傳播的問題，以此還原儒釋道文化在府城傳播的史實與脈絡。

在進行具體研究時，或會遇到西方泊來之「宗教」概念不能概括中國所有官方信仰教化思想的問題。為盡可能避免爭論，本研究在探討儒釋道文化傳播時，會盡可能採用比「宗教」概念內涵更加豐富的「信仰」概念。此外，本研究會適時對古代中西方信仰教化思想進行合理對比，希望借此突顯中國傳統信仰文化的特點與優點。

（二）研究內容

本選題的主體內容主要包括以下幾部分：

第一部分標題為「儒釋道與政治統治的結合及宋以前三教在海南的傳播」。這一部分主要探討漢晉時期儒釋道與政治統治結合的過程，漢唐時期中央政權對海南經略不斷深入的過程，以及唐五代時期儒釋道文化在海南初步傳播的情況，為後續研究做鋪墊。

第二部分標題為「宋元時期儒釋道文化在海南府城的落地」。這

一部分從府城上升為海南穩定的政治中心出發，探討宋元時期中原儒釋道文化向府城快速傳播的原因及表現，並根據這一時期府城儒釋道文化傳播的特點，歸納出宋元時期中原儒釋道文化在府城落地工作已基本完成的結論。

第三部分標題為「明代儒釋道文化在府城地區的繁榮發展」。這一部分從海南行政區劃調整出發，分析明代府城地區政治地位提升的政治、文化背景，進而分析儒釋道文化在府城繁榮發展的原因及表現。

第四部分標題為「清代府城地區儒釋道文化的進一步傳播」。清代府城地區的儒教、佛教文化發展十分迅速，達到歷史時期的最高點，但由於中央政府不甚重視，清代官方道教迅速衰落，府城地區的道教開始主要向社會中下層發展。這一部分對上述問題展開具體討論。

（三）研究方法

1　文獻分析法

搜集、整理、提煉方志文獻、史籍文獻、文人文集，以及相關碑刻文獻中關於儒釋道文化在府城傳播的有用資訊，依據相關材料對儒釋道及民間信仰文化在海南傳播的總體脈絡進行細緻梳理，進而歸納出不同時期中原信仰文化在海南傳播的具體特點。

2　案例分析法

本研究會對不同時期與儒釋道文化傳播有關的典型教化人物、典型教化空間給予詳細分析，通過典型案例突顯不同時期儒釋道文化傳播的特點，盡可能防止研究流於空泛。

3　跨學科分析法

本研究主要探討歷史時期中央王朝官方信仰教化思想在邊疆地區

的傳播問題，涉及邊疆學、人類學、宗教學等學科的理論與方法，只有打破學科間的壁壘，運用跨學科研究法，才能使本研究具備一定的理論深度。

第二章

儒釋道與政治統治的結合及宋以前三教在海南的傳播

　　在中國古代，「三教」是用來特指儒釋道三家的專有名詞。據學者考證，最遲至南北朝時期，人們已有意識的將儒釋道統稱為「三教」。[1]「三教」中的「教」指的是教化思想，這與當今國內外流行的「宗教」（religion）之「教」有所區別。小林正美指出，「教」起先非為某學派或某些思想家專有，但因儒家將「教」用作帶有思想性意義的專門論說，給「教」附以道德性、政治性的寓義，故儒家被認為是主張「教」之必要性的學派，儒學、儒術、經學、經術亦隨之被稱為儒教。[2]東漢末年蔡邕所作〈司空楊公碑〉有「世篤儒教」之記載，表明至遲至東漢末年，「儒教」已被用作專有名詞，用來指代儒家思想和儒家思想的傳播。[3]佛教入華初期主要依附於黃老思想，被時人稱為「佛道」或「神道」，尚未被冠以「教」名。[4]直到支遁譯《大小品對比要抄序》，人們才始以「教」稱之。[5]此後，孫綽（西元312-370

1　詳細考證參見饒宗頤：〈三教論及其海外移植〉，載《中國宗教思想史新頁》（北京市：北京大學出版社，2000年），頁165。

2　亦被稱為名教、禮教，世教、道教、德教、仁教、聖教、周孔之教等，參見（日）小林正美著，李慶譯：《六朝道教史研究》（成都市：四川人民出版社，2001年），頁494。

3　（明）梅鼎祚編：《東漢文紀》卷21〈司空楊公碑〉，載《文津閣四庫全書》第467冊（北京市：商務印書館，2005年），頁200。筆者注：據該碑碑文，楊公「世篤儒教」的主要表現，是用《歐陽尚書》、《京易》等儒家經典教育他人。

4　湯用彤：《漢魏兩晉南北朝佛教史》（北京市：北京大學出版社，2011年），頁50。

5　時被稱為「玄教」或「聖教」，參看（南朝梁）釋僧祐：《弘明集》卷6、7，載《文津閣四庫全書》第349冊（北京市：商務印書館，2005年），頁26-35。

年）作《喻道論》，「佛教」開始作為和「周孔之教」相比對的專有名詞頻繁出現。即，「佛教」一詞直到東晉中期才被人們普遍使用。[6]道教產生之初流派分散，尚未有一「教」名統稱。至南北朝，寇謙之、顧歡整合道教教團，道教組織日趨完備。加之道教信徒要與佛教對抗，需有與儒教、佛教相比對之統一稱謂，「道教」之概念隨之出現。[7]受西方泊來之「宗教」（religion）概念的影響，國人關於「儒」可否被稱為「教」爭議頗多。據前文分析可知，儒教作為專有名詞出現的時間要早於佛教、道教，故筆者認為，用儒教概念分析中國古代的儒家教化實踐當無不妥。下試對儒釋道與政治統治結合的過程，以及宋以前三教在海南的傳播情況給予大致闡述。

第一節　儒釋道與政治統治的結合

一　儒家思想的教化內涵及其與政治統治的結合

（一）儒家思想的教化內涵

　　儒家學派產生於春秋晚期，其創始人是中國歷史上著名的思想家、教育家孔子。西周滅亡後，中國進入舊有社會秩序業已崩塌而新秩序尚未完全確立的春秋時期，當時各邦國間征伐不斷，人民生活於水深火熱之中。孔子嚮往成康之際「刑錯四十餘年不用」的太平盛世，為使邦國重新回歸到井然有序的狀態，孔子提出了一系列教化主張。其中，「德」、「禮」是孔子思想的核心。

　　孔子思想中的「德」主要指道德品質，其內涵十分豐富，包括忠

6　李四龍：〈論儒釋道「三教合流」的類型〉，《北京大學學報》（哲學社會科學版）2011年第2期，頁42-51。

7　（日）小林正美著，李慶譯：《六朝道教史研究》（成都市：四川人民出版社，2001年），頁494。

恕、敬賢、重民、謙恭、篤行等等。孔子所說的「德」，既包括規範人與人之間關係的社會公德，也包括作為個人道德修養的私德。「德」對於統治者秉公執政和個人立身行事均有十分重要的指導意義。對於執政者，孔子要求做到「為政以德」，他認為「為政以德」的國君會受到百姓的擁護，其統治基礎自然也就穩固[8]。當邦國不服時，最高統治者不能凌虐征討，反而要「修文德以來之」[9]。孔子在闡述德治思想時，常常將其與刑治做對比。孔子認為「道之以政，齊之以刑」雖可使民免於犯罪，卻不能使百姓生發羞恥心，只有「道之以德，齊之以禮」，百姓才會受羞恥心約束，從而自覺遵守法律和道德規範。[10]對於個人，孔子主張修身以德、君子懷德。孔子常表達對時人不修德、不講學、不改惡從善的憂慮。[11]為使人們成為「懷德」的君子，孔子進一步提出「仁」的概念。孔子所說的「仁」，主要包括溫、良、恭、讓等一系列道德條目。孔子希望人們按照「仁」的標準去修德，使自己的道德品質更接近「君子」。

除主張教民以「德」外，孔子還強調統治者要齊民以「禮」。孔子思想中的「禮」包括兩個方面，其一指人們日常生活中的準則規範，即「博學于文，約之以禮」之「禮」；其二指殷禮、周禮等禮儀制度，即「為國以禮」之「禮」。[12]據記載，齊景公曾問孔子如何執

8　《論語注疏》卷2〈為政〉，載（清）阮元校勘：《十三經注疏》（臺北市：大化書局，1989年），頁5344。

9　《論語注疏》卷16〈季氏〉，載（清）阮元校勘：《十三經注疏》（臺北市：大化書局，1989年），頁5474。

10　《論語注疏》卷2〈為政〉，載（清）阮元校勘：《十三經注疏》（臺北市：大化書局，1989年），頁5344。

11　《論語注疏》卷7〈述而〉，載（清）阮元校勘：《十三經注疏》（臺北市：大化書局，1989年），頁5388。

12　《論語注疏》卷11〈先進〉，載（清）阮元校勘：《十三經注疏》（臺北市：大化書局，1989年），頁5429。

政，孔子回答景公曰：「君君，臣臣，父父，子子。」[13]可見在孔子看來，為政之關鍵，在於君、臣、父、子都以宗法綱紀約束自己。孔子認為，只要整個社會踐行了「禮」，人與人之間的關係便會和諧，統治者與百姓之間的矛盾亦能得到妥善解決。針對一般百姓，孔子要求其做到「約之以禮」、「齊之以禮」；針對統治者，孔子主張「克己復禮」、「為國以禮」。孔子十分痛恨僭越禮儀的行為，魯卿季氏用八佾之舞並擅自封禪泰山，孔子痛斥此類行徑曰：「是可忍也，孰不可忍也！」[14]

孔子思想的優越性不僅表現在「德」、「禮」等提高個人修養、規範社會行為的主張上，還體現在對人性可教的闡發上。古人認為，天、地、人皆有其性。孔子在前人關於人有本性認識的基礎上，進一步提出性相近而習相遠的觀點。[15]即孔子認為，導致人們道德素質差異巨大的主要原因，是人們後天教育經歷的不同。因有此認識，孔子認為人君有教育百姓知禮明法的義務，並指出百姓如因不知法而違法受刑，便是人君在凌虐百姓。[16]孔子的這一主張為孟子、荀子、董仲舒等後世儒者所繼承。至漢代以降，中國開始以儒家思想立國，儒家教化理念開始通過教育貫徹全國，中國也隨之成為明「德」知「禮」的儒教國家。

---

13 《論語注疏》卷12〈顏淵〉，載（清）阮元校勘：《十三經注疏》（臺北市：大化書局，1989年），頁5436。

14 《論語注疏》卷3〈八佾〉，載（清）阮元校勘：《十三經注疏》（臺北市：大化書局，1989年），頁5353。

15 孔子雖然認為人之本性有上智與下愚等不可移者，但絕大部分人處於性相近、習相遠的狀態，參看《論語注疏》卷17〈陽貨〉，載（清）阮元校勘：《十三經注疏》（臺北市：大化書局，1989年），頁5482。

16 《論語注疏》卷20〈堯曰〉，載（清）阮元校勘：《十三經注疏》（臺北市：大化書局，1989年），頁5482。

（二）漢武帝朝之前儒生們的政治的參與與儒家教化主張的初步推廣

　　孔子以治國平天下為己任。他曾周遊列國宣傳儒家學說，希望能通過學說踐行，幫助當時的社會恢復到西周初年「刑錯四十餘年不用」的局面。但因孔子「克己」的主張與當時新興既得利益集團的施政理念相悖，孔子的學說並未被當時的諸侯國君採納。在政治嘗試失敗後，孔子將主要精力投入到授學中。他堅持「有教無類」的辦學理念，教授眾多門生，號稱學徒三千、賢者七十二。孔子去世後，其弟子分散到各諸侯國，將儒家治國理念傳揚開來。孔子學生中的曾參、子張、子游、子夏均曾積極投身教化實踐，其中以將法家思想援引入儒家、以「學而優則仕」理念辦學的子夏對時政影響最大。[17]戰國時期，儒家思想的影響進一步擴大。據《韓非子》〈顯學〉，當時的儒家分為子張、子思、顏氏、孟氏、漆雕氏、仲良氏、孫氏、樂正氏等八派。儒家學說能成為當時的「顯學」表明，即便在亂世，「德」、「禮」教化也具有相當的生命力。但需強調的是，戰國時期各諸侯國間的兼併戰爭此起彼伏，整個社會處於新秩序行將建立的關鍵時期。相較法家、兵家的銳意進取，儒家學說頗有「難與進取」的意味。[18]因此在戰國時期，儒家學說從未被某一諸侯國真正貫徹。後來，以法家思想立國的秦國通過變法強大起來，逐步兼併其他諸侯國，建立起大一統的秦朝。

　　秦朝統一後仍堅持以法家思想為官方正統教化思想。據記載，秦始皇三十四、三十五年（西元前213、212年），秦中央曾下令大規模焚毀儒家經典，並坑埋數百名儒生。可以想見在秦代，儒家的地位當

---

17 王鈞林：《中國儒學史（先秦卷）》（廣州市：廣東教育出版社，1998年），頁169-173。

18 漢初著名儒者叔孫通曾指出，儒學「難與進取」而「可與守成」，參見《史記》卷99〈劉敬叔孫通列傳〉（北京市：中華書局，2013年），頁3278-3280。

不甚高。但作為一種優秀的教化理念,儒家思想已傳承數百年,即便
統治者有意打壓,仍難以消除其影響。實際上,秦朝建國後,秦始皇
曾多次就祭祀、陵寢、封禪、名號等問題向儒生請教;[19]秦代統治階
級內部亦十分強調儒家的倫理道德,睡虎地秦簡《為吏之道》所記官
吏「五善」之標準,即為「精(清)廉毋謗」、「喜為善行」、「舉事審
當」、「中(忠)信敬上」、「龏(恭)敬多讓」。[20]這一切均表明,儒家
所提倡的倫理道德已在社會上廣泛流行,使「秦政也不能不受影
響」。[21]但在秦代,儒家思想對政治生活的影響畢竟有限。當時整個社
會以法為教、以吏為師,治國方略剛性有餘而柔性不足,終使秦朝國
祚短暫、二世即亡。

西漢立國後,統治者吸取秦亡教訓,摒棄嚴刑酷法的教化方針,
採用無為而治的治國方略,為國家創造一個相對寬鬆的社會氛圍。漢
初儒者適時宣傳儒家學說,為武帝統治時期儒家思想上升為國家正統
思想打下堅實基礎。在漢高祖劉邦統治時期,對政治影響較大的儒生
是叔孫通和陸賈。漢朝立國之初,朝臣多為市井出身、不懂禮儀。當
時,功臣們因為飲酒爭功,一度在高帝面前「妄呼」並「拔劍擊
柱」,使劉邦很是頭疼。叔孫通適時向劉邦宣傳儒家學說具備「可與
守成」的優點,並率弟子和魯地儒生「共起朝儀」。朝堂儀禮突顯了
皇權,劉邦始「知為皇帝之貴」。經此一事,劉邦明白儒教在規範君
臣儀式方面有積極作用,對制定朝儀的儒生群體予以褒獎,不僅任命
叔孫通為太常,還以其弟子百餘人為郎官。[22]陸賈是劉邦朝另一位影
響較大的儒者,他的貢獻側重於儒學理論。陸賈的思想主要集中於

---

19 《史記》卷6〈秦始皇本紀〉(北京市:中華書局,2013年),頁299-311。

20 睡虎地秦墓竹簡整理小組:《睡虎地秦簡》(北京市:文物出版社,1978年),頁
281。

21 徐復觀:《兩漢思想史(第1卷)》(上海市:華東師範大學出版社,2004年),頁
83。

22 《史記》卷99〈劉敬叔孫通列傳〉(北京市:中華書局,2013年),頁3278-3281。

《新語》一書，該書在總結秦朝滅亡經驗教訓的基礎上宣揚儒家的德治理念，高帝劉邦亦「未嘗不稱善」[23]。在叔孫通、陸賈等人的努力下，劉邦對儒家學說的印象大為改觀。晚年拜謁曲阜孔廟時，劉邦甚至「以大牢祠孔子」[24]。

　　最高統治者對儒家學說態度的轉變，為以後儒教上升為漢王朝正統教化思想打下堅實基礎。文帝、景帝時，宣傳儒家教化理念、踐行儒家教化實踐的著名儒生有賈誼、文翁。賈誼是文帝朝著名的儒學政論家，他的執政理念在陸賈的基礎上又有延伸。[25]除治國主張外，賈誼還為漢朝禮儀制度的規範做出重要貢獻。據記載，賈誼為官時漢興已二十餘年，天下和洽，為改革朝堂禮儀提供安定的外部條件。賈誼「乃草具其儀法」，對漢王朝的正朔、服色、官名、禮樂予以全面更正。[26]有學者認為，正是賈誼「草具」的漢家儀法「實現了儒家教化與漢初政治的初步結合」[27]。與賈誼相比，文翁對儒學教化推廣的貢獻主要體現在地方官學興建和百姓風俗移易方面。文翁在漢景帝朝曾領蜀郡太守之職，其人「仁愛好教化」。時蜀地僻陋，有蠻夷之風，文翁「欲誘進之」，派遣官吏至京師受習，並於成都市中修學宮教育民眾。在文翁的影響下，蜀地學於京師者「比齊魯焉」，該地民風隨之一變[28]。

　　總之，雖然漢初以黃老思想治國，但在大批儒者的參與和宣導下，無論是在中央還是地方，儒家思想的影響都在不斷提升。西漢初

23　《史記》卷97〈酈生陸賈列傳〉（北京市：中華書局，2013年），頁3252。

24　《漢書》卷1〈高帝紀〉（北京市：中華書局，1962年），頁76。

25　有學者指出，賈誼重視「仁義」與「禮治」，其思想較陸賈「馬上」、「馬下」攻取異術思想更進一步（看梁宗華：〈西漢初期儒學的發展演變〉，《哲學研究》1994年第7期）。

26　《漢書》卷48〈賈誼傳〉（北京市：中華書局，1962年），頁2222。

27　刑麗芳：《儒家教化及其有效性研究》，南開大學2014年博士學位論文，頁123。

28　《漢書》卷89〈循吏傳〉（北京市：中華書局，1962年），頁3626。

年的儒家教化活動的開展為漢武帝朝獨尊儒術提供了理論和實踐上的準備。

（三）漢武帝朝「獨尊儒術」政策的確立與漢朝儒教國家的最終形成

1 漢武帝「罷黜百家，獨尊儒術」的經過

　　經過漢初叔孫通、賈誼、陸賈、文翁等人的努力，最高統治者已經認識到儒家治國理念能為皇權統治的鞏固提供幫助。漢武帝受儒生群體的影響，頗好儒術，繼位後不久，便欲踐行儒家教化理念、衝破「無為」思想桎梏。建元元年（西元前140年）夏四月，漢武帝以時人「孝心闕焉」為由，下詔為人子孫者務必率領妻妾「行供養之事」[29]；夏五月，漢武帝又令各地祠官修山川之祠，以「為歲事」為由「曲加禮」[30]；以上兩個案例，都是漢武帝意欲尊崇儒術的文化性試探。因為令民眾「行供養」和令祠官「曲加禮」的影響尚未涉及核心意識形態，所以相對容易達成。至秋七月，漢武帝在「俱好儒術」的丞相竇嬰、太尉田蚡，以及御史大夫趙綰、郎中令王臧等一眾儒生的支持下，走出尊儒試探的關鍵性一步——延請名儒申公來京師指導明堂之設[31]，此舉「把罷黜百家獨尊儒術活動推向一個政治高潮」[32]。因當時掌握實權的竇太后「好黃老之言」，竇太后方與秉持武帝旨意的竇嬰、田蚡一方針對治國思想明爭暗鬥。至建元二年，雙方矛盾激化。趙綰上奏漢武帝「毋奏事東宮」，惹得竇太后大怒。最終趙綰、王臧下獄死，竇嬰、田蚡「以侯家居」，申公「亦病免歸」，轟轟烈烈

---

29 《漢書》卷6〈武帝紀〉（北京市：中華書局，1962年），頁157。

30 《漢書》卷6〈武帝紀〉（北京市：中華書局，1962年），頁157。

31 《漢書》卷52〈竇田灌韓傳〉（北京市：中華書局，1962年），頁2379。

32 管懷倫：〈「罷黜百家獨尊儒術」的歷史過程考論〉，《江蘇社會科學》2008年第1期，頁192-195。

的議立明堂一事隨之夭折。[33]總之，建元元年、二年時，漢武帝進行了一系列尊儒實踐，但因竇太后阻撓，漢武帝並未達成最終目的。

漢武帝吸取第一次崇儒失敗的教訓，此後若干年未在意識形態領域多作文章。直至建元五年春竇太后病入膏肓，漢武帝才下詔「置五經博士」[34]。秦及漢初，中央所置博士涉及多家學派，儒學僅置《詩》、《春秋》兩經博士。漢武帝將五經博士備齊，崇儒姿態已然顯明。建元六年五月，黃老派在政治上的代表人物竇太后去世，武帝重新啟用因議立明堂而被罷免的竇嬰、田蚡。在漢武帝的支持下，田蚡等人罷黜黃老、刑名百家之言，延請儒生數百人。延請的儒生眾多，漢武帝選取公孫弘為教化典範，封其為丞相，此舉收到天下學士好儒、「靡然鄉（向）風矣」的教化成效。[35]由此可見，直至建元六年五月竇太后去世，漢武帝罷黜百家、獨尊儒術的目的才最終達成。

元光元年（西元前134年）五月，漢武帝詔賢良對策。此時，武帝已經掌握中央實權，公孫弘、董仲舒等儒生得以有機會向武帝宣傳自己的教化主張。董仲舒是元光元年對策學子中的佼佼者，他提出「《春秋》大一統者」乃「天地之常經」、「古今之通誼（義）」的觀點，並認為漢初的「師異道，人異論」是導致社會思想混亂的主因。董仲舒向漢武帝進言，讓不在六藝之科、孔子之術的學派「皆絕其道」[36]。董仲舒的〈天人三策〉以思想大一統為核心，邏輯清晰、論證嚴謹，給漢武帝推廣儒家教化提供重要的理論支援。學者認為，董仲舒的「大一統」思想、「天人合一」思想、興學重教的主張均對後世文化產生深遠影響。[37]如果說元光元年賢良對策時董仲舒的貢獻主

---

33 《史記》卷107〈魏其武安侯傳〉（北京市：中華書局，2013年），頁3419。

34 《漢書》卷6〈武帝紀〉（北京市：中華書局，1962年），頁159。

35 《漢書》卷88《儒林傳》（北京市：中華書局，1962年，頁3593。

36 《漢書》卷56〈董仲舒傳〉（北京市：中華書局，1962年），頁2526。

37 曹影：〈董仲舒的四大歷史貢獻〉，《東北師範大學學報》（哲學社會科學版）2016年第2期，頁100-105。

要在理論層面，那公孫弘的貢獻則側重於實踐層面。公孫弘在賢良對策中被武帝擢為第一，在其出仕後上書武帝，指出當時的政治與先代聖哲執政「勢同而治異」的主要原因，是漢武帝雖有先聖之名卻無先聖之吏。他認為漢武帝若想在政治上有番作為，必須選取一批能踐行儒家教化理念的「先聖之吏」。[38]為此，公孫弘提出一系列切實可行的儒教推廣方案，如通過「勸學修禮，崇化厲賢」的方式「以風四方」；為中央博士官置從學弟子五十人，免其徭役；地方若有「好文學，敬長上，肅政教」者，太守、縣令應「常與計偕」。[39]公孫弘的建議多被漢武帝採納，此後，公卿、大夫、士吏開始日益「多文學之士矣」，各級官吏的知識結構也愈來愈符合儒教推廣的需要。[40]

2 漢朝國家祭祀儒教化改革的完成

董仲舒認為太學是「賢士之所關」、「教化之本源」，並強調欲「教於國」必先「立太學」，欲「化於邑」必先「設庠序」[41]。漢武帝時期，隨著「罷黜百家，獨尊儒術」工作的完成，中央和地方上的官學教育開始迅速推廣。[42]值得一提的是，除官學興辦外，儒家教化還存在另一本源：《禮記》〈祭統〉指出，國家祀典同樣為「教之本」，並認為「君子之教」必先由祀典著手[43]。筆者認為，在探討儒家教化理念踐行問題時，不應忽視對國家祭祀儒教化進程的考察[44]。漢初的

---

38 《漢書》卷58〈公孫弘卜式倪寬傳〉（北京市：中華書局，1962年），頁2617。

39 《漢書》卷88〈儒林傳〉（北京市：中華書局，1962年），頁3593-3594。

40 《漢書》卷88〈儒林傳〉（北京市：中華書局，1962年），頁3593。

41 《漢書》卷56〈董仲舒傳〉（北京市：中華書局，1962年），頁2503。

42 參看白華：〈漢代儒學官學化的動力及其影響〉，《甘肅社會科學》2004年第2期，頁60-63。

43 《禮記正義》卷49〈祭統〉，載（清）阮元校勘：《十三經注疏》（臺北市：大化書局，1989年），頁5480。

44 日本學者提出「儒教國教化」的概念，國家祭祀按照儒家祭祀理念進行改革，是「儒教國教化」的重要內容，參看（日）渡邊義浩撰、（日）仙石知子等譯：〈論東漢「儒教國教化」的形成〉，《文史哲》2015年第4期，頁122-135。

國家祭祀制度沿襲秦代，這種祭祀制度多表現為對先秦祭祀制度的繼承，並不能很好適應大一統帝國的統治需要。[45]漢武帝「獨尊儒術」後，儒生群體在朝堂上發揮越來越大的影響。在帝王的支持和儒生的主導下，一個符合儒家祭祀理念和中央集權統治需要的祭祀制度呼之欲出。

漢武帝時期，中央政府已經注意到舊的國家祭祀格局已與新的中央集權統治形式不相適應的問題，並著手對國家祭祀進行大規模改制。漢武帝通過立甘泉泰畤、汾陰后土祠、設立五嶽四瀆祭祀，令地方祠官廣修祠廟的方式，重構漢帝國的國家祭祀體系。[46]固然，武帝朝所立泰畤、后土祠，和所踐行的五嶽四瀆祭祀均符合儒家祭祀理念。但總體上看，此時國家祭祀仍過於分散，且祭祀對象十分駁雜，與儒生理想中的國家祭祀格局相去甚遠。漢成帝時，以匡衡為代表的一批儒生在最高統治者的支持下，掀起一場國家祭祀改革運動。建始元年（西元前32年）十二月，匡衡等上奏在都城長安作南北郊祀，罷甘泉、汾陰祠畤。次年正月辛巳，漢成帝「始郊祀長安南郊」[47]。匡衡改革的依據是「天地以王者為主」，主張國家最高祭祀典禮「必於國郊」[48]。成帝於南郊祭祀後，匡衡等又以雍五畤、陳寶祠「非禮制所載」而「皆請罷」[49]。此次改革是儒家祭祀理念在西漢國家祭祀體系中的首次全面貫徹。此後，以儒生為代表的革新派與以方士為代表的守舊派針對國家祭祀內容、儀式進行交錯難解的鬥爭，此間「天地之祠五徙焉」，國家祭祀體系一度紊亂。[50]但自漢武帝「獨尊儒術」

---

45 參看賈艷：《漢代民間信仰與地方祭祀研究》（濟南市：山東大學出版社，2011年），頁34。

46 《史記》卷28〈封禪書〉（北京市：中華書局，2013年），頁1661-1677。

47 《漢書》卷10〈成帝紀〉（北京市：中華書局，1962年），頁304-305。

48 《漢書》卷25〈郊祀志下〉（北京市：中華書局，1962年），頁1254。

49 《漢書》卷25〈郊祀志下〉（北京市：中華書局，1962年），頁1257。

50 《漢書》卷25〈郊祀志〉（北京市：中華書局，1962年），頁1266。

後，儒家教化理念在漢中央、地方不斷推廣，儒生在朝堂中的勢力亦在不斷增強，兩派間的爭奪最終以儒士群體的勝利而告終。元始年間，王莽設計的郊祀禮得以成立。[51]該祭儀融合了天地、祖宗，日月、山川、百神等，既符合《周禮》、《孝經》等儒家經典，又符合中央集權統治的需要，為後世沿襲。[52]

東漢王朝建立後，國家祀典在王莽「元始故事」的基礎上又有所發展。西漢時期，漢廷以堯為漢家始祖，在國家祀典中以堯配天。此舉是對周代以遠祖配天祭祀實踐的效仿。值得一提的是，平民百姓多不知堯與漢朝統治者的聯繫，以堯配天的用意未必能為天下百姓理解。建武七年（西元31年），光武帝詔群臣議論祀典，御史杜林以「漢起不因緣堯」為由，主張以高帝劉邦配天，劉秀從之。[53]此舉利於百姓「思仰漢德」，有助於加強皇權。這是東漢初年國家祭祀改革的重要內容之一。此外，東漢時期確立了北郊制度，使國家祀典的內容更顯豐富。中元元年（西元56年），光武帝劉秀調整了祭祀格局，建立了以地祇為主神的北郊兆域。次年正月辛未，劉秀正式在都城北郊祭祀后土等一眾地祇。[54]據《續漢書》〈禮儀志上〉劉秀是先祠南郊，禮畢後「次北郊」，最後才禮「明堂，高廟，世祖廟」[55]。顯然，北郊祭祀的地位僅次於南郊，尤在明堂、高廟、世祖廟之上。至此，南郊祭天、北郊祭地，南郊、北郊兩相匹配的祭祀格局正式形成，符合儒家祭祀理念的國家祭祀制度最終確立。

---

51 《漢書》卷25〈郊祀志〉（北京市：中華書局，1962年），頁1265-1266。

52 田天：〈西漢末年的國家祭祀改革〉，《歷史研究》2014年第2期，頁24-39。

53 《後漢書》卷97〈祭祀志〉（北京市：中華書局，1965年），頁2160。

54 據《後漢書》，「是年（中元元年）初營北郊」，「（中元）二年春正月辛未，初立北郊，祀后土」，分別參見《後漢書》卷98〈祭祀志〉、卷1〈光武帝紀〉（北京市：中華書局，1965年），頁3177、3184。

55 《後漢書》卷94〈禮儀志〉（北京市：中華書局，1965年），頁3102。

二　佛教的傳入及其與政治統治的結合

　　佛教於兩漢之交傳入中國。入華初期，佛教主要依附於中國傳統道術和黃老思想傳播，被人們視為黃老神仙方術的一種。這在當時的典籍中有十分明確的體現，如牟子的〈理惑論〉便將佛教視為九十六種「道術」之一種，即所謂「道有九十六種」，「至於尊大」者「莫尚佛道也」[56]。東漢初年，楚王劉英曾好為浮屠之祭，漢廷「詔令天下死罪皆入縑贖」時，劉英曾派遣郎中令奉黃縑、白紈等三十匹奔走。朝廷詔報，認為楚王英「尚浮屠之仁祠」，定無犯上作亂嫌疑。[57]東漢桓帝曾於宮中為黃帝、老子、浮屠立祠，以期祈禱獲佑。大臣襄楷進諫，指出浮屠清虛無為、好生惡殺、省欲去奢，若漢桓帝嗜欲不去、殺罰過理，必不能獲佑。[58]以上史事均證明，佛教自身「仁慈」、「好生惡殺」、「省欲去奢」的特點已為統治者熟知和接受。據記載，漢桓帝在宮中為浮圖立金像並「身奉祀之」，一度使「百姓向化，事佛彌盛」[59]。可見漢代貴族階層對佛教的崇奉，促進了佛教文化在民間社會的傳播。東漢末年笮融督廣陵、彭城運漕時「乃大起浮圖祠」，其管境及旁郡有好佛者「遠近前後至者五千餘人戶」[60]，證明此時佛教已在民間傳開。

　　和中國本土信仰文化相比，佛教最大特點是引入了中國傳統信仰體系中沒有的「輪迴」概念。佛教認為，人有生死輪迴，要面臨因果報應，一個人的生平際遇不僅與今生經歷有關，還與前世經歷有關。

56　（南朝梁）釋僧祐：《弘明集》卷1〈理惑論〉，載《文津閣四庫全書》第349冊（北京市：商務印書館，2005年），頁4-5。

57　《後漢書》卷42〈光武十三王傳〉（北京市：中華書局，1965年），頁1428。

58　《後漢書》卷30〈郎凱襄楷列傳〉（北京市：中華書局，1965年），頁1082-1083。

59　（元）釋念常：《佛祖歷代通載》卷5，載《文津閣四庫全書》第351冊（北京市：商務印書館，2005年），頁118。

60　《三國志》卷49〈吳書四〉〈劉繇傳〉（北京市：中華書局，1964年），頁1185。

人們只有通過修行佛法達到「涅槃」境界，才能超脫輪迴之苦。魏晉南北朝時期社會動盪、人民流離，佛教的三世輪迴和業力報應說教很好地迎合了百姓的需要，故發展很快。據記載，至南北朝時佛經已「大集中國」，北朝有僧尼不下二百萬眾、寺庵三萬有餘[61]；南朝同樣家家有齋戒、人人行懺禮[62]。一開始，部分統治者尚未意識到佛教的助益王化功能，對佛教信徒殘忍迫害。如後趙皇帝石勒曾專行殺戮，大量僧尼慘遭殺害[63]；石遵也曾凌虐僧尼，遇有姿色之比丘尼，石遵「與其交褻而殺之」[64]。但隨著佛教在民間逐漸傳播開來，為廣大民眾所接受，佛教已不再是單純的宗教思想，更多表現為一種可以影響千百萬民眾生活和行為的社會力量。出於統治需要，皇權開始注意利用佛教維護統治。至後趙皇帝石虎時期，後趙統治者已不再逼迫佛教。石虎曾下詔指出佛陀是戎神，少數民族出身的後趙帝王更應奉祀，並規定夷趙百姓中，如有樂意奉佛者「特聽之」[65]。南北朝時期，皇權支持佛教逐漸成為一種普遍現象。如：北魏孝文帝曾親自度數百位良家男女出家，施以僧服[66]；北魏宣武帝篤好佛學義理，有較高的佛學造詣，經常於禁中講解佛教經論[67]；南朝梁武帝不僅「受佛戒」、「斷酒肉」、親為大臣講經，還三次捨身同泰寺，並下令公侯子弟「皆受佛誡」[68]。

不僅最高統治者提倡佛教，佛教上層僧侶也十分注意通過調適佛學義理，使佛教與中國官方正統教化思想——儒教的要求相適應。魏

---

61 《魏書》卷114〈釋老志〉（北京市：中華書局，1974年），頁3048。

62 《南史》卷70〈循吏傳〉（北京市：中華書局，1975年），頁1720。

63 《晉書》卷95〈藝術〉〈佛圖澄傳〉（北京市：中華書局，1974年），頁2485。

64 《晉書》卷105《石季龍載記》（北京市：中華書局，1974年），頁2766。

65 《晉書》卷95〈藝術〉〈佛圖澄傳〉（北京市：中華書局，1974年），頁2488。

66 《魏書》卷114〈釋老志〉（北京市：中華書局，1974年），頁3039。

67 《魏書》卷114〈釋老志〉（北京市：中華書局，1974年），頁3042。

68 《魏書》卷98〈蕭衍傳〉（北京市：中華書局，1974年），頁2187。

晉南北朝時期，人們已有意將佛教主張的「慈」與儒教主張的「孝」相比對。如：劉少府在〈答何衡陽書〉中指出，儒教「以至孝為務」，故其創始人孔子「仁被四海」；佛教「以大慈為首」，故其創始人釋迦摩尼「化周五道」。[69]佛教經典《梵網經》亦明言「孝名為戒」，主張僧尼出家後也要以孝事父母、師長及僧三寶，並明言「孝」乃人間「至道之法」[70]。佛教還用自己宣揚的「五戒」類比儒家的「五常」。如：《魏書》〈釋老志〉認為佛教的五戒「殺、盜、淫、妄語、飲酒」，與儒家的五常「仁、義、禮、智、信」大致相同[71]；南北朝宿儒顏之推亦曾指出：「內典（即佛教）初門，設五種之禁，與外書（即儒教）仁義五常符通」[72]。顯然，此時的佛教與儒教已發生思想合流，這種變化使佛教助益王化的特點愈發突顯。南朝宋文帝曾與臣下論及佛教對政治統治的幫助，認為若率土之濱「皆純此（佛教）化」，便不愁不能「坐至太平」[73]。侍中何尚之亦附和宋文帝，指出若百人之家中有十人持五戒，則「十人淳謹矣」；若千戶之城中有百人修十善，則「百人和厚矣」；若以佛教教化庶黎，遍于寰宇，編戶千萬中，必有「仁人百萬矣」[74]。顯然，南北朝統治階層已普遍認識到，佛教思想中的某些特殊理念能幫助人君勸化百姓，佛教已開始與政治統治結合。

　　佛教與政治統治的結合不僅表現在帝王奉佛、儒佛合流上，還表

---

69 （唐）道宣：《廣弘明集》卷18〈答何衡陽書〉，載《文津閣四庫全書》第349冊（北京市：商務印書館，2005年），頁163。

70 王建光：《梵網經新譯》（臺北市：三民書局，2005年），頁143。

71 《魏書》卷114〈釋老志〉（北京市：中華書局，1974年），頁3025。

72 檀作文譯注：《顏氏家訓》（北京市：中華書局，2011年），頁212。

73 （南朝梁）釋僧祐：《弘明集》卷11〈宋文帝讚揚佛教事〉，載《文津閣四庫全書》第349冊（北京市：商務印書館，2005年），頁51。

74 （南朝梁）釋僧祐：《弘明集》卷11〈答宋文帝讚揚佛教事〉，載《文津閣四庫全書》第349冊（北京市：商務印書館，2005年），頁51。

現在僧人對當世君主的神化和對世俗皇權的臣服上。如北魏時期，高僧法果曾將支持佛教傳播的北魏太祖皇帝美化成當世如來，號召全國沙門「宜應盡禮，遂常致拜」，並直言拜帝王即是禮佛。[75]北周的釋道安、衛元嵩等高僧繼承了釋法果的觀點，公開提出「君為教主」之說，將僧尼對佛祖的崇拜和對現世君主的崇拜結合起來。佛教僧人本為出家人，按佛門義理不應拜謁世俗君主，當時也有若干僧人曾提出「沙門不敬王者」的論調[76]。但在帝王強制僧尼「敬王者」的法令面前，僧界人士毫無抵抗餘地。隨著世俗君主佛教教主地位的確立，僧人的政治參與愈來愈多。如石勒曾尊佛圖澄為大和尚，遇事常諮詢其意見[77]；南朝甚至讓女尼參與機密，「樞機最密，善言事議」[78]。僧人對世俗皇權的臣服，還表現在皇權對僧人人身的嚴格管控上。如：北魏政府對出家者的出身、品行、審批程式、剃度時間，出家僧人的活動均有嚴格限制。此外，當時各割據政權還普遍設置各級僧官，以僧治僧，將僧尼完全納入國家管控。[79]

佛教之所以能在中國落地生根，與佛教傳入中國之時，中國缺乏一種應對其「輪迴」、「業力」說教的思想流派有關。因佛教在哲理思辨層面確有過於中國已有信仰文化的地方，所以佛教在中國傳播很快。隨著佛教被中國廣大民眾信奉，至魏晉南北朝時期，佛教已不再是單純的宗教思想，更表現為一種影響廣大民眾思維方式和生活習慣的重要社會力量。面對貴族、平民普遍信佛的客觀現實，最高統治者認識到不能單靠打壓方式處理佛教問題，他們轉而採取扶持與利用的

---

75 《魏書》卷114〈釋老志〉（北京市：中華書局，1974年），頁3031。
76 關於僧尼是否應拜謁王者的辯論過程，可參看劉咸：〈佛法與王法——以慧遠《沙門不敬王者論》為例〉，《中國宗教》2009年第2期，頁26-28。
77 《晉書》卷95〈藝術〉〈佛圖澄傳〉（北京市：中華書局，1974年），頁2487。
78 （南朝梁）釋寶唱著，王孺童校注：《比丘尼傳》（北京市：中華書局，2006年），頁23。
79 參看《魏書》卷114〈釋老志〉（北京市：中華書局，1974年），頁3039、3042。

政策。上層僧人也積極調適佛教教義，努力減少佛教與儒教的衝突。總之，在魏晉南北朝時期，佛教已走完與政治統治結合的過程，成為「助益王化」的思想工具。

三　道教的產生及其政治統治的結合

道教產生於漢代，在東漢末年開始被百姓普遍信奉。道教雖以超脫凡俗為修行目標，但事實上在道教思想中，特別是在早期道教的教化主張中包含了不少現世政治的內容。如，東漢末年道教著名領袖張角在《太平經》中大肆抨擊東漢政府，說當時的官僚群體是「賢者蔽藏」而「邪人多居其位」，百姓因而生活於水深火熱之中卻「不能相救」。[80]張角認為，當政者應賜饑者食、寒者衣，但東漢政府不僅「不助君子救窮周急」，反而「為天地之大不仁」，使「百神惡之」。張角進而號召百姓追隨其革命，建立一個「施化得均」、「尊卑大小如一」、「無諍訟者」的理想社會。[81]以張角為代表的道教早期領袖十分注重通過描述理想社會的方式吸引百姓入教，進而通過嚴密的道教組織使百姓團結至領袖周圍，使道教團體帶有十分明顯的政治傾向。

東漢末年，道教領袖們一度十分努力的踐行他們的政治理念。張角曾發動起義，意欲推翻東漢政府，建立統一的政教合一政權，但最終失敗。天師道領袖張魯曾在漢中建立割據政權，自號為「君師」，其下有不少學道者追隨左右。張魯依照他們在天師道內的級別，分別授予他們「治頭大祭酒」、「祭酒」、「鬼卒」稱號，憑藉他們管理百姓。[82]張魯在漢中建立的「政教合一」政權，是道教執政理念貫徹於現世政治的一次大膽嘗試。但張魯的割據政權一直局限於漢中，並未

80　王明：《太平經合校》（北京市：中華書局，1960年），頁188。

81　參看王明：《太平經合校》（北京市：中華書局，1960年），頁230、247、683。

82　《三國志》卷8〈魏書八〉〈張魯傳〉（北京市：中華書局，1964年），頁263。

有大的發展。漢獻帝建安二十年（西元215年），曹操率大軍來討，張魯投降，道教政權隨即宣告解體。漢中割據政權的建立表明，早期道教去亂世、至太平的政治主張對生活在黑暗中的百姓有一定吸引力。但必須指出，道教在世俗權力架構方面遠不如儒教成熟完善，這是張角、張魯勢力未能擴展至全國的根本原因。

雖然道教領袖在政權建設方面的嘗試未能取得成功，但道教教化思想對當時社會的影響，特別是對統治階層的影響在逐步增強。王公貴族錦衣玉食，他們不需要追求所謂的太平盛世，通過革命建立「施化得均」之理想社會的說教對他們並無太大吸引力。但相較儒教，道教的優勢在於其思想中的最主要成分，是指導世人超脫現世，飛升入神境仙府，與天地同壽，此說教對統治者具有相當大的吸引力。正因如此，雖然早期道教常與逆反勢力結合、成為社會穩定的威脅，但依舊有大批統治階層的精英人物入道。這些信奉道教的士人階層熟諳儒家治國理念，並對道教思想中的負面成分有清晰的認識。在他們的刻意努力下，道教思想開始逐漸向儒家思想靠攏，並最終完成從民間宗教向官方宗教的轉變。最先系統對道教理論進行改造，使其與皇權統治相適應的是東晉著名道士葛洪。葛洪在《抱朴子》中對道教進行分類，指出道教主要分為兩種，一種是被不法者利用的「招集奸黨，稱合逆亂」的「妖道」、「邪道」[83]，另一種是服從王化的「神仙大道」。葛洪從統治者利益出發，主張對道民反叛予以堅決鎮壓。他認為無論道民犯法的程度是輕是重，都應該「致之大辟」、「刑之無赦」。[84]除此之外，葛洪還在《抱朴子》外篇中大談世俗政治，對帝王統治得失進行詳細闡發，表明這一時期的道教上層開始尋求與皇權統治合流。

葛洪之後又有著名道士如寇謙之、陸修靜、陶弘景等繼續剔除道

---

83 王明：《抱朴子內篇校釋》（北京市：中華書局，1980年），頁158。
84 王明：《抱朴子內篇校釋》（北京市：中華書局，1980年），頁159。

教思想中容易引起民眾反叛的成分，使道教學說向符合皇權統治需要的方向轉變。據記載，北魏初期，寇謙之在當權者的支持下，對道教思想進行整理，除去「三張偽法」、「男女合氣之術」等與儒家道德理念相抵觸的思想成分，並制定以儒家禮度「為首」、「服食閉練」僅處於「加之」地位的新科道法。[85]經寇謙之改革之後的道教與儒家教化理念相契合，這樣一來，道教便可轉化為北朝君主統治道民群體的思想工具。在寇謙之改革北方道教的同時，南方道教上層人士也在積極對道教科儀和道教經籍進行整肅。如：陸修靜主張對道民編戶著籍，令民各有所屬。陸氏還認為，教育道徒修行不僅要靠「科禁威儀」，還要靠國家法度[86]。稍晚于陸修靜的陶弘景，更是仿照人間等級秩序，整飭出神仙世界的《真靈位業圖》。在為《真靈位業圖》作序時，陶弘景明言作此書之目的是為「解士庶之貴賤，辨爵號之異同」[87]。顯然，道教上層對道教思想的整飭，是在以神權之名，行維護階級統治之實。

隨著道教上層人物積極向皇權政治靠攏，南北朝時期的道教經典開始大量滲入儒家禮、義、忠、孝等世俗倫理方面的內容。如《洞玄智慧本願大戒上品經》[88]假真人之口勸誡修道者，指出學道之人必須要做到「孝於所親」、「忠於所君」、「潛於所使」、「善於所友」才能成仙[89]；《正一法文天師教科經》亦指出，修道者「事師不可不敬」、「事親不可不孝」、「事君不可不忠」、「仁義不可不行」，否則便難有

---

85 《魏書》卷114〈釋老志〉（北京市：中華書局，1974年），頁3051。

86 〈陸先生道門科略〉，載《道藏》第24冊（北京市：文物出版社，上海市：上海書店，天津市：天津古籍出版社，1988年），頁780。

87 《全梁文》卷47〈真靈位業圖序〉（北京市：商務印書館，1995年），頁494。

88 據任繼愈考證，該經屬六朝古道經，參見任繼愈：《道藏提要》（北京市：中國社會科學出版社，1991年），頁261。

89 《洞玄智慧本願大戒上品經》，載《道藏》第6冊（北京市：文物出版社，上海市：上海書店，天津市：天津古籍出版社，1988年），頁159。

所成[90]。南北朝道教經典中的忠、孝、敬、潛、善、仁、義說教，與儒家教化主張並無二致。在魏晉南北朝中後期，此類糅合儒家教化主張的道教經典可謂俯仰皆是。經過改造後，道教的修行主張與儒教教化理念互為表裡，道教的仙道思想也隨之為世俗皇權利用，成為幫助君主勸化百姓的重要工具。

總之在魏晉南北朝時期，統治者開始有目的的利用儒家思想改造道教。隨著儒家教化理念逐漸滲透進道教典籍和道教科儀，早期道教思想中的逆反精神逐漸被剔除，道教的宗教哲學與統治階層的教化理念日趨吻合，這是道教由民間宗教轉變為官方宗教的重要前提。魏晉南北朝時期，道教與政治統治的結合程度日益加深，主要表現為：其一，道教信徒積極參加政治。北朝天師道領袖寇謙之借太上老君之名整頓道教，宣稱其對道教的改革是為「並教生民，佐國扶命」[91]。寇謙之及「門弟子」被魏主拓跋珪敕「並列在王公之上」，享有「不聽稱臣」的優厚待遇[92]。南朝著名道士陶弘景在歸隱山林期間同樣熱心政治，中央每遇吉凶征討等大事，便會派遣使者前往諮詢。其政治地位極高，甚至連王公貴要都要「參候相繼」，一度被時人稱為「山中宰相」[93]。其二，道教得到統治階層的普遍認可。這一時期，統治階層信奉道教者不斷增多，其中最著名的便是北魏太武帝拓跋珪。拓跋珪曾親自在道壇「備法駕」，並規定國境之內的旗幟要「從道家之色（青色）」[94]。拓跋珪以後的北魏、北周皇帝亦多沿襲此「崇奉道法」

---

90 《正一法文天師教科經》，載《道藏》第18冊（北京市：文物出版社，上海市：上海書店，天津市：天津古籍出版社，1988年），頁232。

91 《老君音誦戒經》，載《道藏》第18冊（北京市：文物出版社，上海市：上海書店，天津市：天津古籍出版社，1988年），頁211。

92 《混元聖記》卷7，載《道藏》第17冊（北京市：文物出版社，上海市：上海書店，天津市：天津古籍出版社），1988年，頁852-853。

93 《南史》卷76〈隱逸傳〉（北京市：中華書局，1975年），頁1899。

94 《魏書》卷114〈釋老志〉（北京市：中華書局，1974年），頁3053。

慣例[95]。南朝皇族與世家大族中亦不乏奉道人士。[96]隨著道教與政治統治結合，南北朝開始「置仙人博士」[97]、「置大小道正」[98]，將道教上層納入統治系統，使道教完全服從於世俗政治。隨著統治者對道教改造的完成，道教的神仙大道說教開始與佛教的業力輪迴一樣為世俗政治所用，成為儒家「德」、「禮」教化的重要補充。

　　總之，漢晉南北朝時期，儒釋道先後完成與政治統治結合的步伐，成為中國的官方信仰教化思想。三教中，儒教與政治統治結合最早，在官方信仰教化體系中扮演的角色也最為重要。佛教、道教雖被個別統治者冠以「國教」名號，但事實上，即便佛教、道教地位再高，統治階層中的主體依舊是踐行「修身、齊家、治國、平天下」理念的儒士，而非以涅槃超脫或羽化成仙為追求的僧侶、道士。故總體上看，在民國以前，中國官方信仰教化思想的核心是儒教，佛教、道教更多扮演輔助王化的角色。

第二節　宋以前儒釋道文化在海南的傳播

一　漢唐時期中央政權對海南的經略

　　漢武帝時期，中央政權將海南納入中原王朝版圖，在海南島上創置珠崖、儋耳二郡，此為中央王朝經略海南之始。關於珠崖、儋耳二郡創置的具體時間，《史記》〈南越傳〉和《漢書》〈武帝紀〉記載的是元鼎六年（西元前111年），《漢書》〈賈捐之傳〉及〈地理志〉記載

---

95 《隋書》卷35《經籍志》（北京市：中華書局，1973年），頁1100。

96 陳寅恪：《金明館叢稿初編》〈天師道與海濱地域之關係〉（北京市：生活・讀書・新知三聯書店，2001年），頁17-46。

97 《魏書》卷113〈官氏志〉（北京市：中華書局，1974年），頁2973。

98 《太平御覽》引〈道學傳〉，載《太平御覽》卷666〈道部八・道士〉（北京市：中華書局，1960年），頁2973。

的是元豐元年（西元前110年）。針對此爭議，譚其驤曾在〈自漢至唐
海南島歷史政治地理〉一文中給予詳細考證。譚其驤指出，《史記》、
《漢書》關於南越國史事的記載十分詳備，尚未有可靠史料證明南越
國曾統轄過海南島。這表明漢武帝滅南越國與開珠崖、儋耳二郡為兩
不同事件。漢武帝用兵嶺南的結果是開闢了包括珠崖、儋耳在內的九
郡，司馬遷行文「好以一事跨數年，遂於元鼎六年下終其事謂『遂開
九郡』」，但這並不等於「九郡」悉置於元鼎六年。故譚其驤認為，
《漢書》〈賈捐之傳〉關於珠崖、儋耳二郡創置於元豐初年的記載是
可信的。[99]

　　海南島納入中央王朝版圖後，中原漢地文化向海南傳播的條件本
已具備。但由於中央派遣的中原吏卒統治殘暴，數次激起珠崖、儋耳
民眾的反叛。據《漢書》〈賈捐之傳〉，自「元封元年」海南「自初為
郡」至漢昭帝始元元年（西元前86年）的二十餘年間，當地民眾「凡
六反叛」。面對尖銳的形勢，朝廷不得已於始元五年「罷儋耳郡，並
屬珠崖」。罷儋耳後，當地的民族矛盾依舊十分尖銳。漢宣帝神爵三
年（西元前59年）珠崖三縣「復反」，甘露元年（西元前53年）又有
九縣反。每遇反叛，朝廷都要「發兵擊定之」。漢元帝初元元年（西
元前48年），當地民眾又反，「（朝廷）發兵擊之，諸縣更叛，連年不
定」。是年關東爆發嚴重饑荒，西北羌族亦持續反叛，嚴重衝擊了西
漢政權的穩定。漢元帝不得已，採納了賈捐之「宜棄珠崖，救民饑
饉」的建議，於初元三年下詔「其罷珠崖郡。民有慕義欲內屬，便處
之；不欲，勿強」。[100]周偉民指出，珠崖郡的棄置是「中國歷史上第
一次統治者主動放棄自己應該治理的領地。這一點從歷史過程來看，
是一種歷史的倒退！」[101]確如周氏所言，海南島棄置使中原漢民族與

99　參見譚其驤：〈自漢至唐海南島歷史政治地理〉，《歷史研究》1988年第5期，頁3-20。
100　《漢書》卷64〈賈捐之傳〉（北京市：中華書局，1962年），頁2830-2835。
101　周偉民、唐玲玲：《海南通史‧先秦至五代十國卷》（北京市：人民出版社，2017
　　年），頁131。

海南島百越民族失去一個文化交融的機會，影響了海南經濟文化的發展。

三國時期，吳主孫權曾試圖再次經略海南，派遣將軍聶友、校尉陸凱率兵三萬討珠崖、儋耳。[102]《三國志》〈吳書〉〈陸凱傳〉有赤烏年間聶友「討朱（珠）崖，斬獲有功」之記載，似乎此次用兵頗有所獲。[103]但據《輿地紀勝》〈瓊州〉「州沿革」下「吳大帝于徐聞縣立珠崖郡」之記載，以及注文「（《元和郡縣圖志》）載『於其地，上立珠官一縣，招撫其人，竟不從化』」之記載可知，[104]孫權所立的珠崖郡並不在海南島上。譚其驤進一步指出，孫權是在用兵海南之前，在雷州半島南端建珠崖、儋耳二郡，後兵撤、儋耳廢，珠崖郡建置得以保留，但這「並未改變漢元帝棄珠崖以來的版圖，海南島仍在域外」。[105]

到了南朝晚期，海南島與中原王朝的關係發生了重要變化。據《隋書》〈譙國夫人傳〉記載，高涼冼氏豪酋之女冼夫人「幼賢明，多籌略」，能「壓服諸越」，在海南、海北俚僚少數民族群體中享有極高威望。因冼夫人之聲威，「海南儋耳歸附者千餘洞」。[106]冼夫人一生忠於中央，大概在儋耳千餘洞民眾歸附冼夫人後不久，蕭梁政府即在海南創置崖州，是以《隋書》〈地理志〉「珠崖郡」及《通典》〈州郡志〉「崖州」均有崖州置於南朝蕭梁時期之記載。[107]又據《隋書》〈譙國夫人傳〉，隋文帝曾賜臨振縣（治今三亞市東北）為冼夫人湯沐邑，並以其子馮僕為崖州總管。[108]此崖州當是因梁陳之舊，且海南島

---

102 《三國志》卷47〈吳書一〉〈吳主傳〉（北京市：中華書局，1964年），頁1145。

103 《三國志》卷61〈吳書十六〉〈陸凱傳〉（北京市：中華書局，1964年），頁1400。

104 《輿地紀勝》卷124〈廣南西路〉〈瓊州〉（杭州市：浙江古籍出版社，2012年），頁2802。

105 譚其驤：〈自漢至唐海南島歷史政治地理〉，《歷史研究》1988年第5期，頁3-20。

106 《隋書》卷80〈譙國夫人傳〉（北京市：中華書局，1973年），頁1800-1801。

107 參見《隋書》卷31〈地理志〉（北京市：中華書局，1973年），頁885；《通典》卷184〈州郡志〉（北京市：中華書局，1988年），頁4958。

108 《隋書》卷80〈譙國夫人傳〉（北京市：中華書局，1973年），頁1803。

西南部應已歸附冼夫人。高涼馮冼家族在海南島影響範圍有一個逐步
擴張的過程：在蕭梁大同年間冼夫人嫁與馮寶之前，海南儋耳歸附冼
夫人的俚僚部眾，應主要集中在海南島西北部；隋文帝曾將海南島西
南的臨振縣賜給冼夫人為湯沐邑，說明此時高涼馮冼家族的勢力範圍
已擴展至海南島西南部；從大業六年（西元610年）隋煬帝將珠崖郡
析分為環島分布的珠崖、臨振、儋耳三郡推測，大概與西南部同時或
稍有先後，高涼馮冼家族勢力範圍已達到海南島東北部。[109]

關於東晉以降南朝中央因「嶺外酋帥」經略嶺南民族地區的行
為，《隋書》〈食貨志〉有較為詳細的記載：

> 晉自中原喪亂，元帝寓居江左，……又嶺外酋帥，因生口翡翠
> 明珠犀象之饒，雄於鄉曲者，朝廷多因而署之，以收其利。曆
> 宋、齊、梁、陳，皆因而不改。[110]

南朝蕭梁政權因冼氏家族將朝廷統治力量推廣至海南的做法，是
東晉以降南朝中央署「嶺外酋帥」之「雄於鄉曲」者為朝廷統治力量
不及之民族地區的州郡守宰，從而將朝廷統治延伸至嶺南民族地區之
做法的縮影。因這一時期中央政權是憑民族酋首經略嶺南民族地區，
中央政權自然要確保豪酋家族的既得利益，這使得新開闢之民族地區
經制州的宰職務多在豪酋家族內部承襲。從某種程度上看，民族酋首

---

109 譚其驤依據梁朝所創崖州州治在海南島西北部義倫（即明清儋州故城，今儋縣西
北新州），而非地近海北的海南島東北部地區，推測「梁設崖州之所以不在島東北
部而在西北部，也就是由於當時歸附冼氏的是島西北的漢儋耳郡故地諸峒，而不
是島東北的漢珠崖郡故地」；此外，譚其驤認為，大業六年隋煬帝將治所在海南西
北部的珠崖郡分為位於島東北部的珠崖郡、位於島西北部的儋耳郡、位於島南部
的臨振郡，表明海南島西南部納入高涼馮冼家族勢力範圍同時或稍有先後，高涼
馮冼家族勢力必已達到島東北部（參見譚其驤：〈自漢至唐海南島歷史政治地
理〉，《歷史研究》1988年第5期，頁3-20）。

110 《隋書》卷24〈食貨志〉（北京市：中華書局，1973年），頁673。

對地方政權的把持與地方割據無異，這無疑制約了嶺北、嶺南文化交往的進一步深入。

唐朝初年仍沿用東晉南朝及隋代中央的做法，憑高涼馮氏家族經略海南。後因高涼馮氏等把持地方政局的豪酋世家經常目無中央綱紀，唐中央因地制宜的推行南選制度，將中央銓選理念推廣至包括海南在內的嶺南民族地區。[111]關於唐政權何時將海南州郡守宰職務任命權從高涼馮氏家族手中收回，現存文獻未有明確記載。但據《唐大和上東征傳》，在唐玄宗天寶年間，高涼馮氏成員的馮若芳雖是海南的大首領、大奴隸主，但並未獲得唐中央的官職委任；同為高涼馮氏成員的馮崇債雖在海南為官，其職務也不過是振州別駕，並非振州刺史。[112]這一切均表明在玄宗朝晚期，高涼馮氏家族在海南地區依舊保有相當勢力，但其家族對海南政局的影響已遠不及以前。

將海南職官任命權從地方豪酋手中收回，為中原文化向海南傳播創造了良好的制度環境。在唐代，已有中原儒釋道文化向海南傳播的可靠記載。

二　唐五代時期儒釋道文化已開始向海南傳播

（一）唐五代時期儒教文化在海南的傳播

漢儒董仲舒特別重視中央、地方的儒學建設，認為儒學教育是儒教教化的本源[113]。確如其所言，儒學是儒教教化理念推廣的重要載

---

111 關於南選在嶺南推行的經過及影響，可參王承文：〈唐代「南選」與嶺南溪洞豪族〉，《中國史研究》1998年第1期；李金操：〈從龍龕道場的政治功能看唐中前期嶺南溪洞地區政局嬗變〉，《歷史教學（下半月）》2017年第7期，頁33-38。

112 （日）真人元開著，汪向榮校注：《唐大和上東征傳》（北京市：中華書局，1979年），頁67-68。

113 《漢書》卷56〈董仲舒傳〉（北京市：中華書局，1962年），頁2503。

體，古代邊遠、落後地區的風俗移易，多需仰賴儒學教育的推廣。唐
代統治者十分重視各級官學的興建，早在武德元年（西元618年），唐
高祖即下達督促地方郡縣修建官學、各置生員的詔令。[114]唐太宗進一
步提高儒學地位，規定儒生只要「學成通一大經」即可「咸得署
吏」。此詔令大大激發了百姓從學就教的熱情，收到「儒學之興，古
昔未之有也」的功效。[115]在唐中央及個別地方官員的重視下，儒學教
化實踐亦在海南地區初步推廣。據《新唐書》〈王義方傳〉，唐太宗貞
觀年間，當朝名儒王義方受刑部尚書張亮案牽連，被貶為儋州吉安縣
（今昌江縣）丞。當時南選制度尚未推行，蠻酋首長是海南政局的實
際控制者，王義方到任後，很快「召首領，稍選生徒，為開陳經書，
行釋奠禮，清歌吹簫，登降跪立，人人悅順」。[116]從「義方召首領，
稍選生徒」可知，王義方主要從俚僚部族上層著手推廣儒教教化理
念。其「為開陳」之「經書」，當是國家法定教材《五經正義》。王義
方所行之「釋奠禮」，是儒家祭祀先聖、先師的禮儀，多於孔廟舉
行。在唐代，官學、孔廟是一體的，王義方「行釋奠禮」的孔廟很可
能位於吉安縣學之內（即便當時吉安縣尚未興學，該孔廟亦足以扮演
吉安縣學的角色）。[117]王義方在儋州吉安縣的興學重教表明在唐代，
儒學教育已在海南初步推廣。

　　《禮記》〈祭統〉云：「夫祭之為物大矣，其興物備矣，順以備者
也，其教之本與！」[118]該記載表明和儒學一樣，儒家祭祀禮儀是儒家

---

114 《資治通鑑》卷185「唐高祖武德元年五月壬申條」（北京市：中華書局，1956
　　年），頁5903。

115 （唐）吳兢撰，裴汝誠等譯注：《貞觀政要》卷7（上海市：上海古籍出版社，
　　2007年），頁211-222。

116 《新唐書》卷112〈王義方傳〉（北京市：中華書局，1975年），頁4159-4160。

117 唐太宗于貞觀四年（西元632年）下達「州、縣學皆做孔子廟」之詔令（參見《新
　　唐書》卷15〈禮樂志〉（北京市：中華書局，1975年），頁373。

118 《禮記正義》卷49〈祭統〉，載（清）阮元校勘：《十三經注疏》（臺北市：大化書
　　局，1989年），頁5480。

教化理念推廣的又一根本。據唐代祀典「州縣社稷、釋奠及諸神祠並同小祀」之規定，[119]地方上的社稷、孔廟釋奠和官方認可的諸神祠均屬國家祀典範疇。因唐代僅是儒家教化理念在海南初傳的時代，儒家祭祀理念並未在海南普及。就管見所及，唐代海南地區符合國家祀典規定的祭祀實踐僅王義方于吉安縣行釋奠禮一例。大概這一時期，海南的州縣社稷壇等祀典規定的通祀祭祀符號並未普及，當地地方神祇的形象也與儒家教化理念的需求相去甚遠。五代時期，海南島歸嶺南劉漢割據政權統治。為彰顯政權合法性，南漢政府曾對境內有影響的山川神祇進行封賜，其中有兩位涉及海南的神祇，分別是為儋州昌化縣民眾所信奉的浴泊石神（後人稱其為峻靈山神）[120]和冼夫人。據《太平寰宇記》，浴泊石神「在昌化縣西北二十里。石形如人帽，其首面南，側有橘柚甘香，云不可攜去，即黑霧風暴駭人。池中有魚亦然，土人往往祈禱」，[121]可知該石神本是一個喜歡「駭人」的惡神，為地方「土人」廣泛信奉。南漢政權以該石峰為鎮海神山，封山神為「鎮海廣德王」，將其納入南漢國家祭祀體系。[122]文獻未載冼夫人最初被海南民眾供奉時是何形象，但根據當地尚處於氏族部落文明階段推測，俚僚部族崇奉之冼夫人的形象，當與國家正統文化中的形象有較大出入。[123]相較其他神祇，冼夫人有「累世策勳」之功，屬先聖先

---

119 按《大唐開元禮》，州縣社稷、釋奠是祀典中的小祀，除此之外，一些為中央、地方政府認可的地方「諸神祠」，也享有「並同為小祀」的待遇〔（唐）蕭嵩等撰：《大唐開元禮》卷1，載《文津閣四庫全書》第215冊（北京市：商務印書館，2005年），頁604。

120 峻靈山之名緣起於北宋時期中央政府敕封的「峻靈王」稱號。

121 王文楚等點校：《太平寰宇記》（北京市：中華書局，2007年），頁3234。

122 （宋）蘇軾著、李之亮箋注：《蘇軾文集編年箋注》（成都市：巴蜀書社出版社，2011年），頁646。

123 在巫術文化是「大傳統」的氏族部落文明階段，神明的形象多為凶神，在以儒家文化為「大傳統」的時期，國家正統神明的形象轉化為善神（參見李金操：〈大、小傳統衝突視角下的唐代東南民間祠祀管控〉，《浙江學刊》2019年第6期，頁200-209）。

賢，符合儒家祭祀理念。南漢政權肯定了冼夫人的忠正形象，敕封其
為「清福夫人」，亦將其納入國家祭祀體系。[124]

王義方在儋州吉安縣的興學，以及南漢政權將位於儋州昌化縣的
浴泊石神、冼夫人納入國家祀典表明，在唐五代時期，儒家教化理念
已在海南初步推廣。此時的府城地區尚非海南穩定的政治中心，海南
島西北部的儋州才是儒教教化理念向海南傳播的前沿陣地。

（二）唐五代時期佛教文化在海南的傳播

關於佛教何時傳入海南，當今學界觀點不一。有學者認為佛教在
漢代已傳入海南，並認為海南是佛教經海陸傳入中國的首站之一；[125]
也有學者認為，佛教至遲於隋唐之際傳入海南；[126]亦有學者認為，佛
教在武則天當政時期傳入海南。[127]

筆者認為在唐代以前，佛教存在傳入海南的可能。南朝時期，佛
教在嶺南地區發展很快，豪酋世家崇奉佛教的情況可謂相當普遍。比
如，南朝晚期西江流域的陳氏酋首名陳法念，法念世襲子名陳佛智，
佛智世襲子名陳龍樹，通過家族成員名稱不難看出，西江流域的陳
氏豪酋世代信奉佛教。[128]按唐朝初年高涼馮冼家族成員亦多崇奉佛
教，[129]在唐以前，冼夫人家族奉佛是完全有可能的。海南島西北部的
「千餘洞」在南朝蕭梁時期即已歸附高涼馮冼家族，則南朝晚期佛教

124　（宋）李光：《莊簡集》，《宋集珍本叢刊》第34冊（北京市：線裝書局，2004
　　年），頁80。

125　田德毅：〈佛教東來與海南寶島之猜想〉，《世界宗教文化》2013年第1期，頁86-92。

126　牛志平：《海南文化史》（海口市：海南出版社、南方出版社，2008年），頁222。

127　陳柳榮：《古代佛教在海南島的傳播研究》，海南師範大學2016年碩士學位論文，
　　頁11。

128　道光《廣東通志》卷303〈陳法念傳〉（上海市：商務印書館，1934年），頁5190。

129　唐高宗時期，義淨便是在高涼馮冼家族成員馮孝詮、馮孝誕、馮孝軌的支持下泛
　　海印度，唐朝初年其家族成員當普遍奉佛，參見（唐）義淨著，王邦維校注：《大
　　唐西域求法高僧傳校注》（北京市：中華書局，1988年），頁152。

傳入海南是完全有可能的，只是缺乏可靠的史料記載。

在唐朝初年，海南佛教應已有一定的基礎，故中央政府頒布的佛教法令能在海南貫徹。據《唐大和上東征傳》，唐玄宗天寶七年（西元748年）鑑真一行人第五次東渡日本失敗後，曾漂流至海南島南端的振州（治今三亞市崖城鎮）。振州別駕馮崇債親自出迎，「于太守廳內，設會受戒，仍入州大雲寺」。[130] 振州有大雲寺，其名當緣於武則天所下各州應立大雲寺一所之詔令。[131] 除振州大雲寺外，《唐大和上東征傳》還記載了崖州（治府城東南三十里珠崖嶺）的開元寺，[132] 該寺的命名當緣於唐玄宗開元二十六年（西元738年）所下「敕每州各以郭下定形勝觀寺，改以開元為額」之敕令[133]。從海南寺廟因武則天、唐玄宗所下敕令改名來看，中央政府的佛教政策可以影響到海南，即佛教文化在某種程度上扮演了中原文化與海南文化交流之「共同語言」的角色。至少在唐代，儒教尚未具備此功能，可見唐代海南的佛教文化基礎要好於儒教。

從鑑真行經海南期間，馮崇債、馮若芳、張雲等人對鑑真禮遇有加來看，當時海南社會上層與全國絕大多數地區的社會上層一樣，對佛教十分推崇。不過，這並不等於說海南的佛教文化在唐代已十分發達，唐末劉恂《嶺表錄異》中關於崖州民眾差攝僧人一事的記載可作證明：

南中小郡，多無緇流。每宣德音，須假作僧道陪位。昭宗即

130　（日）真人開元著，汪向榮校注：《唐大和上東征傳》（北京市：中華書局，1979年），頁67。

131　武則天所下詔令內容，詳見《新唐書》卷102〈岑長倩傳〉（北京市：中華書局，1975年），頁3968。

132　鑑真一行人到崖州之後，「州游奕大使張雲出迎，拜謁，引入，令住開元寺」（日）真人元開著，汪向榮校注：《唐大和上東征傳》（北京市：中華書局，1979年），頁69。

133　《唐會要》卷50〈雜記〉（北京市：中華書局，1955年），頁879。

位，柳韜為容廣宣告使，敕文到下屬州。崖州自來無僧家，臨
事差攝。宣時，有一假僧不伏排位，太守王宏夫怪而問之，僧
曰：「役次未當，差遣編並，去歲已曾差攝文宣王，今年又差
作和尚。」見著莫不絕倒。[134]

「崖州自來無僧家」的說法表明，當地一直沒有出家人。雖然海
南上層官僚、酋首中不乏崇奉佛教者，但他們似乎並不願真正出家做
僧侶，地方民眾對佛教的興趣似更有限。

五代時期，南漢帝王多崇奉佛教。據《輿地紀勝》卷一二四〈廣
南西路・瓊州〉，南漢政權曾在瓊州建為影堂（該堂為宋代興化寺的
前身）。[135]為影堂的修建表明，南漢政權推崇佛教的政策確實推動了
海南佛教文化的發展。

總體來看，唐五代時期中央或地方割據政權制定的佛教政策對海
南佛教產生過切實影響，這主要是因為南朝隋唐時期嶺南的佛教文化
氛圍十分濃厚、俚僚部族上層普遍信奉佛教。但客觀來看，這一時期
海南的佛教文化尚談不上發達，不僅寺廟數量不多，地方官民一心向
佛、出家為僧的情形也比較鮮見。

（三）唐五代時期道教文化在海南的傳播

隋朝末年社會上流傳著「當有李氏應為天子」的傳言。[136]此傳言
與道教早期經典中「老君當治，李弘應出」的圖讖糅合，逐漸演變為
「當有老君子孫治世」的預言。受此類輿論影響，當時社會各界普遍
認為取代隋楊政權的新皇室必為李氏，且此李氏乃道教教主太上老君

---

134 （唐）劉恂撰，商璧等校補：《嶺表錄異校補》（南寧市：廣西民族出版社，1988
年），頁76。
135 《輿地紀勝》卷124〈廣南西路〉〈瓊州〉（成都市：四川大學出版社，2005年），
頁3938。
136 《隋書》卷37〈李穆傳〉（北京市：中華書局，1973年），頁1120。

後人。後來，李唐政權代楊隋而立，其形式與隋代晚期「當有李氏應
為天子」的傳言和道教「當有老君子孫治世」的預言相稱，李唐皇室
自然被時人視為老子後人。將皇室視為老子後人可為皇權統治披上合
法性、神聖性外衣，李唐皇室亦樂於追認此身分。[137]因有此因緣，道
教在唐代的地位很高，享有名義上的「國教」地位。[138]

　　唐代帝王曾多次下令，敦促地方州郡建老子廟宇、道教宮觀。唐
中央敦促地方修建道觀的法令是否能影響到海南？經見文獻未有明確
記載。但在唐代，海南確實修有道觀。據《元豐九域志》，宋代昌化
軍的景星觀乃「唐乾封中（西元666-668年）置」。[139]昌化軍即唐代的
儋州，由此記載可知，至遲在唐高宗時期，海南島上已修有道教宮
觀。在此之前，道教當已開始在海南傳播。

　　從崖州中唐以前已修有佛寺，但在唐末依舊「無僧家」來看，海
南道教宮觀內是否供奉有專職道士仍難下定論。受文獻記載所限，我
們很難探討道士群體在海南修道的具體情況，僅能從趙歸真流放海南
一事，對唐代道士在海南的活動略作考察。趙歸真是活躍於唐敬宗、
唐武宗朝的著名宮廷道士，對晚唐政局產生過較大影響。長慶四年
（西元824年）唐穆宗駕崩後唐敬宗繼位，其繼位後寵信僧、道人
士，時常耽於遊樂，導致朝政荒廢。趙歸真在唐敬宗朝頻繁出入宮

---

137 王謀寅：〈李唐政權合法性建構中的道教元素〉，《廣東社會科學》2015年第5期，
　　頁134-141。

138 李唐王朝統治者在對儒釋道三教進行排位時，將道教排在首位。但他們很清楚治
　　國理政最大的憑藉是儒教，如支持道教發展的唐代宗曾指出「神仙事本虛妄，空
　　有其名」（參見〈薛頤墓誌〉，轉引自王永平：《道教與唐代社會》（北京市：首都
　　師範大學出版社，2002年，頁25），並對臣下明言「朕今所好者，惟在堯舜之道，
　　周孔之教，以為如鳥有翼，如魚依水，失之必死，不可暫無耳」（參見《舊唐書》
　　卷2〈太宗本紀〉，北京市，中華書局，1975年，頁33）。可見，道教僅享受名義上
　　的「國教」地位。

139 （宋）王存撰，王文楚、魏嵩山點較：《元豐九域志》〈新定九域志〉（北京市：中
　　華書局，1984年），頁706。

掖，被唐敬宗封為兩街道門都教授博士，是當時著名的道教領袖，時人尊稱其為「趙煉師」。寶曆二年（西元826年）唐敬宗為宦官所害，新繼位的唐文宗不僅處置了謀反者，還對誘導詆惑敬宗的僧道人士給予嚴厲處罰。《舊唐書》〈文宗本紀〉籠統記載唐文宗曾將僧惟真、齊賢、正簡及道士趙歸真「並配留嶺南」，但並未記流放何州。[140]《冊府元龜》記載的更為詳細，明確指出「道士趙歸真流儋州」。[141]在寶曆二年（西元826年）被流放儋州至開成五年（西元840年）唐武宗繼位被召回京的十四年間，趙歸真當始終以戴罪之身被看管於海南儋州。研究唐宋時期道教文化在海南傳播的學者認為，作為晚唐著名道教領袖，趙歸真流放海南一事會對海南道教發展產生一定影響，[142]筆者亦然此論。

五代時期，南漢政權統治者普遍佞佛，但他們並不排斥道教，對道教發展亦給予大力支援。[143]但遺憾的是，筆者至今仍未見到五代十國時期道教文化在海南進一步傳播的記載。

唐五代時期的海南島上修建有道教宮觀，也有著名道士如趙歸真等因貶謫原因長期滯留海南，表明這一時期中原道教文化已開始向海南傳播。但總體上看，此時海南島的道教文化還不發達，道教對海南地方文化的影響還十分有限。

西漢時期，中央政府曾在海南島設儋耳、珠崖二郡，將海南納入中央王朝版圖，海北、海南文化交融的初步條件業已具備。但遺憾的是，由於朝廷選派的官員貪婪無度，激起當地民眾的持續反叛，導致儋耳、珠崖先置後棄。此後，海南與中央王朝長期處於隔離狀態。直

---

140 《舊唐書》卷17〈文宗本紀〉（北京市：中華書局，1975年），頁523-524。

141 《冊府元龜》卷153〈帝王部〉〈明罰二〉（北京市：中華書局，1960年），頁1859。

142 汪桂平：〈唐宋時期的海南道教〉，載詹石窗主編：《老子學刊》2017年第2輯（成都市：巴蜀書社出版社，2017年），頁13-32。

143 陳欣：《南漢國史》，暨南大學2009級博士學位論文，頁304-306。

至南朝蕭梁時期，海南島俚僚部族歸順冼夫人、朝廷因其地創置崖州，海南島才再次納入中央王朝版圖。當時，中央政府主要憑藉高涼馮冼家族治理海南，中原文化向海南傳播的條件尚難稱便利。直至南選制度推行後，中央委派的流官逐漸增多，中原文化向海南傳播的條件才真正具備。總之在中央及部分地方官員的努力下，唐五代時期儒釋道文化已開始在海南傳播，拉開了中原信仰文化向海南傳播的序幕。

小結

英國著名人類學家弗雷澤在對其經典名著《金枝》一書的內容做總結時指出：「人類高級的思想運動，就我們所能看到的而言，大體上是由巫術的發展到宗教的，進而到科學的這幾個階段。」[144]按弗雷澤觀點，人類社會的「高級的思想運動」大致經歷了「巫術的」、「宗教的」、「科學的」三大階段。就西方文明發展進程來看，在「巫術的」階段結束後，西方各國先後步入到以天主教、東正教等典型制度性宗教為官方信仰教化思想的「宗教的」階段。在此文明階段，西方國家的官方信仰教化思想往往比較單一，政府對「國教」以外之信仰文化普遍持反對、抵制態度。與西方國家不同，在「巫術的」階段行將結束時，中國最先走完與政治統治結合進程的是制度性宗教特徵並不明顯的儒教，而且在儒教與皇權統治結合後不久，佛教、道教等典型制度性宗教也很快走完與政治統治結合的進程、成為輔助王化之官方信仰教化思想的有機組成部分。中國形成與西方截然不同之信仰教化格局的主要原因，恰在中國官方信仰教化思想的核心——儒教。儒教是一種關注現世的信仰教化思想，它的排他性體現在對同樣關注現

144　（英）詹姆斯・喬治・弗雷澤著，徐育新等譯：《金枝——巫祝與宗教之研究》（北京市：大眾文藝出版社，1998年），頁997。

世的信仰教化思想上面。正因如此，中國歷史上有「罷黜百家，獨尊儒術」，而無「罷黜百教，獨尊儒教」。因當時人們對天文、地理等自然規律的認知尚未達到「科學的」階段的層次，很多自然現象得不到合理解釋，需要借助「神明意志」來填充認知盲區，帶有「無神論」特點的儒教難以滿足此需求。[145]加之儒教很少關注「來世」、「彼岸」問題，不足以滿足民眾的精神寄託。於是，秉持儒家治世理念的儒士一般對佛教、道教傳播持認可、支持態度。正因如此，在「巫術的」階段結束後，中國並未向西方國家那樣形成宗教壓迫的文化氛圍，佛教、道教等制度性宗教才能與政治統治結合，成為助益王化的重要教化思想。

隨著儒釋道三教上升為中國的官方信仰教化思想，三教在邊疆民族地區的傳播也迅速成為中央王朝「一道德，同風俗」教化理念踐行的重要組成部分。東晉南朝時期是中央開發南方邊疆民族地區的關鍵時期，海南島正是在此背景下再次納入中央王朝版圖。因為朝廷是依靠「雄於鄉曲」之「嶺外酋帥」治理包括海南在內的嶺南新辟民族地區，新置州郡的治理權實際掌握在豪酋世家手中，這制約了官方信仰教化思想在新開闢民族地區的傳播。在唐代以前，三教中僅為嶺南俚僚酋首普遍信奉的佛教存在向海南傳播的可能，且此佛教文化與漢地的佛教文化當有較大不同。唐朝初年國家安定、國力強盛，中央政府決定解決東晉以降嶺南豪酋世家把持地方政局的問題，通過制定並強

---

145 儒教雖非嚴格意義上的無神論，但其思想中包含很多人文理性內容，帶有比較明顯的無神論傾向。中外學者已對該問題有過頗多探討，如中國大陸學者彭棟軍的〈儒者反淫祀與無神論〉從清代儒者周召對淫祀反對的論著出發探討了儒教的無神論傾向（《中國無神論研究》2011年第3期，頁45-50），臺灣學者甘懷真的〈中國中古郊祀禮的源流與特質〉從儒教的宗教觀——氣化宇宙論出發探討儒教的無神論傾向（載余欣主編：《中古時代的禮儀、宗教與制度》，上海市：上海古籍出版社，2012年，頁8-10），西方學者韋伯亦在其論著中探討了儒教的「祛魅」特質（參見吾淳：〈馬克思韋伯比較儒教與猶太教：未徹底祛魅的理性主義與徹底祛魅的理性主義〉，《現代哲學》2018年第6期，頁152-160）。

制推行南選制度，逐步收回包括海南在內之嶺南民族地區經制州守宰職務的任命權，為中原儒釋道文化向海南傳播創造有利條件。唐朝初年國力強盛，國家有餘力推動儒釋道文化向海南的大規模傳播，但由於此時海南政局不由中央，官方信仰教化意志難以在海南貫徹。中唐以降雖然朝廷將海南職官任命權收歸中央，但此時國家又面臨嚴重的藩鎮割據問題，缺乏一個促進文化傳播、交流的和平環境。因此，唐五代時期儒釋道文化對海南社會生活的影響還較為有限。但無論如何，在職官任命權收歸中央後，中央「一道德，同風俗」教化理念踐行的客觀條件已然具備，這無疑為宋以降儒釋道文化在海南的持續傳播奠定堅實基礎。

第三章
宋元時期儒釋道文化在海南府城的落地

　　從唐代開始，中央委派的流官逐漸開始取代俚僚豪酋，成為海南官僚群體的主體。職官群體結構的改變，為儒釋道文化向海南傳播創造了有利條件。但總體來看，唐五代時期，儒釋道三教在海南傳播的進程相對緩慢，這應與安史之亂以後藩鎮割據帶來的社會動盪有關。宋朝建立後，逐步翦滅各割據政權，重新建立統一的中央政權。由於宋王朝一直面臨從遼、西夏、金、蒙元等少數民族政權而來的巨大壓力，國家迫切希望通過加強統治區域內部文化同一認同的方式提高國家凝聚力，故儒釋道文化在南方邊疆地區推廣的力度空前增強。此外，宋代是漢人大規模移民海南的關鍵時期，漢族移民為中原信仰文化在海南的落地提供重要的群眾基礎。蒙元政權統一中國、建立大一統之元帝國後，中央經略海南的力度較宋代又有增強，儒釋道文化在海南傳播的廣度、深度亦隨之加強。

　　就府城來看，宋元時期是儒釋道文化落地的關鍵時期。在宋代以前，府城地區尚非海南穩定的政治中心，亦非中原信仰文化向海南傳播的前沿陣地，府城所在之崖州的儒教、道教文化似還不及海南島西北部之儋州發達。自開寶四年（西元971年）北宋政府在府城地區置瓊州州署，並詔「以嶺南儋、崖、振、萬安等四州隸瓊州」後，[1]府城地區開始上升為統轄整個海南的政治中心，並因而成為中原儒釋道

1　（宋）李燾：《續資治通鑑長編》卷12「宋太祖開寶四年四月壬辰條」（上海市：上海古籍出版社，1986年），頁101。

文化向海南傳播的前沿陣地。儒釋道教化空間的修建，以及著名教化人士的社會活動，都加快了宋元時期儒釋道文化在海南府城的傳播。

第一節　宋元時期儒教文化在海南府城的落地

一　宋元時期儒學教育在海南府城的落地

（一）中央、地方官員的重視與宋元時期瓊州州學的建立、發展

宋朝初年雖重視儒教教化理念推廣，但並未下達興學重教的詔令。據《宋史》〈職官志〉，在景祐四年（1037）宋廷下「藩鎮始立學」之詔令時，尚明確強調「他州勿聽」。[2]因中央未做過多強調，北宋初期的海南一直未見官學興建。

宋仁宗慶曆四年（1044）范仲淹主持新政，宋廷開始大規模發展地方官學教育，下詔「諸路州、軍、監各令立學，學者二百人以上，許更置縣學」。[3]在此詔令影響下，海南興建了一批官學，其中最有影響的是位於府城的瓊州州學。

據記載，瓊州州學「宋慶曆四年詔立」。作為海南官學教育的門面，瓊州州學的發展自然受到地方官員的高度關注。「詔立」之初，瓊州州學便是殿堂、御書閣、兩廡、戟門「俱備」的優質官學。為推動瓊州州學發展，朝廷委派當朝著名儒士、國子監教授宋守之出知瓊州。宋守之赴任後，「教諸生，講五經於先聖廟。建尊儒亭，暇日躬自講授」，州人因此「始知向學」。不僅地方官長親當教員，瓊州州學還「贍學有田」，所「廩給之養特厚於廣右諸郡」。優厚的待遇可使學

2　《宋史》卷167〈職官志〉（北京市：中華書局，1975年），頁3976。

3　《宋史》卷167〈職官志〉（北京市：中華書局，1975年），頁3976。

員免除後顧之憂、專心向學，有助於學員儒學素養的提升。隨著辦學規模的不斷擴大，地方官長兼職講授的方式已不足以滿足學員們的求學需要，在南宋高宗紹興年間，瓊州州學「始置校官」，此時的瓊州州學已可稱得上向內地官學看齊。[4]

　　雖然不再兼任州學教職，地方官長並未因此減輕對瓊州州學發展的扶持力度。據記載，宋孝宗淳熙九年（1182），瓊管帥守韓壁重修明倫堂，並特意請當世大儒朱熹作序。宋甯宗慶元年間（1195-1200），通守劉漢重修廟像、祭器、庖廚，並增益辦學經費。宋甯宗嘉定二年（1209），瓊管帥守趙夏重修校舍。宋度宗咸淳二年（1266），州學教授蔣科將立於庠門外的御書閣移建於講堂北；咸淳三年，時任帥守特意增撥新莊學田。在地方官員的重視下，瓊州州學發展很快，咸淳八年瓊州學子在為登進士第者立記時，曾盛讚宋代興學以來瓊州科舉「連破天荒」，「瓊之學者、能文者日眾」。[5]顯然，瓊州州學的興建大大推動了儒教文化在海南的傳播。

　　入元以後，瓊州州學的教育、管理日趨完善。元中央為瓊州州學設立教授、學正、學錄官、典教（隸湖廣儒學提舉司），校官配置較前代更為齊整。此外，元中央還下令查驗各地通經之士，為其設立專門的戶籍（儒籍），免除雜役，並以其子弟為生徒。這些政策的制訂，大大推動了儒教文化在海南的傳播。[6]不僅中央政府制定了一系列的崇儒措施，海南地方官員也對瓊州州學發展十分重視。據記載，元武宗至大二年（1309），副都元帥陳謙享重建大成殿、增崇舊觀。元仁宗皇慶年間（1132-1133），州學教授陳舜佐範銅造諸祭器，以學錢售買《大成樂》，並延請樂師教授諸生。元泰定帝泰定四年（1327），安撫副使張珣清令侵佔學田之豪右悉歸所占之田。元惠宗

4　正德《瓊臺志》卷15〈學校〉（海口市：海南出版社，2006年），頁335-336。
5　正德《瓊臺志》卷15〈學校〉（海口市：海南出版社，2006年），頁336-339。
6　正德《瓊臺志》卷15〈學校〉（海口市：海南出版社，2006年），頁339。

至正年間（1341-1368），教授金德重修州學兩廡，從祀像以塑繪。至正十一年（1351），學政符元裔補買經史諸書。[7]元代中央、地方官員的持續重視，推動了瓊州州學的發展，促進了儒教文化在海南的傳播。至元朝末年，瓊州士子已認為瓊州民風士習「衣冠禮樂彬彬然」、與中國（即中原地區）相比「曾又何殊焉」，可見此時的瓊州地區已呈現一片人文薈萃的景象。[8]

（二）府城地區修建的其他類型儒學

除瓊州州學外，宋元時期府城地區還修建了不少其他類型的儒學，這些學校與瓊州州學一樣，是促進儒家教化理念推廣的重要教化空間。它們有：

1 瓊山縣學

瓊山縣學始置於宋代，在瓊山縣北海口浦。與瓊州州學一樣，瓊山縣學是一所重要的官辦儒學。宋元時期瓊山縣的辦學規模如何？可否有學田撥給？經見傳世文獻未有詳細記載。但從元代元帥實德資海牙曾負責對瓊山縣學重修推測，地方官員未忽視對瓊山縣學的維護。[9]宋元時期儒教文化在府城地區的傳播，同樣離不開瓊山縣學師生的貢獻。

2 瓊州附廓學

瓊州附廓學創建於南宋慶元初年（1195），由通守劉漢創建，是一所官辦小學。瓊州附廓學修成之後，瓊州知事莊芳特為其作記，指出慶曆四年瓊州興學以來，瓊州文教蓬勃發展，但「小學」卻一直

7　正德《瓊臺志》卷15〈學校〉（海口市：海南出版社，2006年），頁339-340。

8　正德《瓊臺志》卷15〈學校〉（海口市：海南出版社，2006年），頁340。

9　正德《瓊臺志》卷15〈學校〉（海口市：海南出版社，2006年），頁352。

「諉置弗及講」。直至慶元改元，通守劉漢「於是創小學，群裡閈之
既成童，既衣以佩觽，且慮其亡貲從師，捐公帑之羨，為錢五百緡以
廩之。率七十員，分隸諸齋，延師訓導，日有課程，旬覆習誦，月嘗
試。公擇其優者，時課以勉其進。又為之鬻民田，募工墾耕；官有閑
地，辟為房廊，悉收其租，充小學廩，入歲亦數百緡」。瓊州附廓學
的辦學十分成功，不僅漢族子弟「執策爭奮，惟恐或後」，黎族子弟
亦「知遣子就學，衣裳其介鱗，踵至者十餘人」。瓊州附廓學興辦
後，當地士民感歎「瓊之學校，未有如今之盛」，高度肯定了劉漢的
「惠瓊人」功績。[10]

3　東坡書院

東坡書院在府城北隅，其名緣於蘇東坡被貶儋州時曾經停瓊州、
在此寓居。東坡書院修建于宋代，是一所鄉人修建的私學，既是鄉人
習誦之所，也用作祭祀蘇東坡的祠祀。在元代，東坡書院設有管理人
員，並有贍學田租每年七十石。從翰林趙孟頫親為書扁來看，東坡書
院雖是私學，但得到地方政府的肯定與支持。[11]

4　仁政鄉校

仁政鄉校位於瓊山縣遵都，建于宋代，是由「鄉人建創」的私
學。遵都鄉人創建此鄉校是為了「敦請師儒以訓子弟讀書習禮」，其
教化對象局限於特定宗族子弟，辦學理念不似瓊州府學、瓊山縣學或
東坡書院開放。由於是民辦，仁政鄉校經費來源並不穩定，至元代該
學校即被廢棄，僅餘基址。[12]

---

10 正德《瓊臺志》卷15〈學校〉（海口市：海南出版社，2006年），頁385-386。
11 正德《瓊臺志》卷15〈學校〉（海口市：海南出版社，2006年），頁392。
12 正德《瓊臺志》卷15〈學校〉（海口市：海南出版社，2006年），頁386。

5 珠崖鄉校

珠崖鄉校位於府城南十九里上那邕都，至元二十八年（1291）元宗室闊里吉思征黎時建，至正三年（1343）僉憲袁永澄重修。該學校有祔祀祠廟，供奉二伏波將軍。元代地方政府撥給供祀田，該田的租賦當亦會用於辦學。從珠崖鄉校的修建、維護得到政府官員大力支持來看，該鄉校很可能與瓊州附廓學一樣，是一所官辦小學。[13]

6 惠通鄉校

惠通鄉校在府城東四十里符離都，由元代元帥陳謙享在靠近蘇東坡命名的匯通泉處修建。從惠通鄉校由地方官員修建，且修建後政府專門「設教諭」教授「鄉子弟」來看，惠通鄉校與珠崖鄉校一樣，是一所官辦小學。[14]此類學校的修建，有助於鄉區百姓浸潤儒教文化，對儒教文化下移助益頗多。

7 蒙古學

蒙古學即蒙古字學。元代是蒙古人建立的國家，官僚隊伍中蒙古人占據相當大的比例。若欲政令暢通，自需漢族、蒙古族官員通曉雙方文字，因此至元六年時，中央即下令在各地修建蒙古字學。[15]據正德《瓊臺志》，海南的蒙古字學建於至元三十年，因需要學習蒙文的漢族官僚主要居住於城內，所以蒙古學也修建於城內。[16]按元中央常「命儒學分掌」民族教育事務，蒙古學也當是傳播儒教文化的重要教化空間。

---

13 正德《瓊臺志》卷15〈學校〉（海口市：海南出版社，2006年），頁386-387。
14 正德《瓊臺志》卷15〈學校〉（海口市：海南出版社，2006年），頁387。
15 王風雷：〈元代的諸路蒙古字學〉，《內蒙古社會科學》1992年第3期，頁57-61。
16 正德《瓊臺志》卷15〈學校〉（海口市：海南出版社，2006年），頁387。

宋元海南儒學修建表

編號	名稱	位置	性質	備註
1	瓊州州學	城東南	官辦	其修建緣於慶曆興學，是府城地區修建的第一所儒學，也是古代海南儒學教育的門面
2	瓊山縣學	海口浦	官辦	建於宋代，承擔教化一邑民眾的重任
3	瓊州附廓學	附於城廓	官辦	宋建，府城第一所小學
4	東坡書院	府城北隅	私辦	宋建，得到官府的財力、物力、人力支持
5	仁政鄉校	遵都	私辦	宋建，經費不穩定，元廢
6	珠崖鄉校	上那邕都	官辦	元建，得到政府官員維護
7	惠通鄉校	符離都	官辦	元建，政府設有專職教諭人員
8	蒙古學	城內	官辦	主要用於語言教育，兼及儒教文化傳播

材料來源：正德《瓊臺志》卷十五〈學校〉、萬曆《瓊州府志》卷六〈學校志〉。

自宋代府城上升為海南的政治中心之後，中原文化向府城傳播的進程明顯加快。慶曆興學詔令頒布後不久，府城地區即修建了瓊州州學。中央、地方政府對瓊州州學的辦學十分重視，不僅地方官長親為講授，還撥給學田、翻修校舍、配置祭器，瓊州州學迅速發展為推動地方儒教文化傳播的重要教化空間。隨著儒教文化傳播速度的加快，當地民眾習文樂教的情形日益普遍，單靠瓊州州學已不足以滿足府城民眾的求教需要。在此背景下，瓊山縣學、東坡書院等一批為國家培養經世人才的官、私學，以及為瓊州州學、瓊山縣學、東坡書院等學校輸送學員的蒙學──瓊州附廓學、仁政鄉校、珠崖鄉校、惠通鄉校逐步修建起來。這些學校的修建表明，宋元時期府城地區已建立類似海北地區的儒學教育體系，儒學教育在府城落地的工作已基本完成。

自宋代瓊州州學建立以來，府城地區的儒學教育發展十分迅速，這直接表現在科舉成就上：「瓊在宋，四榜連破天荒，又繼以年少探花，為人爭豔。」[17]這裡的「四榜連破天荒」，指的是瓊山縣籍士人陳應元、何一鵬、陳國華、黃文光分別於紹定二年（1229）、寶祐元年（1253）、寶祐四年、開慶元年（1259）高中進士；「又繼以年少探花」指的是鄭真輔於咸淳七年高中探花，其為當年進士榜中年歲最小者。[18]宋代的海南共出十三位進士，其中瓊山縣有五人，遠多於昌化（3人）、樂會（3人）、樂昌（1人）、萬州（1人）等地，表明宋代的府城已是海南的儒學教育中心。[19]元代對科舉取士不甚重視，海南僅出唐次道、李震器兩位進士，其中唐次道便是瓊山人（李震器籍貫泉州，在海南為官時科舉中第）。元代科舉取士極少，即便如此，瓊山縣依舊有人中舉，表明府城的儒學教育仍保持較高水準。此外，據學者統計，元代海南通過經明行修、諸科入仕者共七十三人，其中籍貫瓊山縣者三十五人，幾乎占到總人數的一半，這也能印證元代府城地區的儒學教育並未比宋代退步。[20]

總之，宋元時期海南府城的儒學教育取得長足進步，這為明代府城教育的繁榮發展打下堅實基礎。

二　宋元時期儒家祭祀理念在海南府城的落地

唐五代時期儒家祭祀理念已開始對海南地方文化產生影響，具體表現為：王義方在儋州吉安縣推行釋奠禮儀，幫助當地土蠻酋領瞭解

17　正德《瓊臺志》卷38〈人物〉（海口市：海南出版社，2006年），頁767。
18　正德《瓊臺志》卷38〈人物〉（海口市：海南出版社，2006年），頁767。
19　正德《瓊臺志》卷15〈學校〉（海口市：海南出版社，2006年），頁340。
20　楊小薇：《元代海南文化研究》，海南師範大學2013年碩士學位論文，頁29-32。

儒家文化的尊師重道文[21]；南漢割據政權為提高其統治威望，對海南儋州昌化縣的浴泊石神封額賜號，使當地少數民族巫祝建構之「黑霧風暴駭人」形象的浴泊石神，[22]轉化為幫助南漢政府「奠南極」的峻靈山神[23]；南漢政府還敕封同樣供奉於儋州昌化的洗夫人為「清福夫人」，利用洗夫人「累世勳策，有平寇之功」的先賢形象，以及「能庇其民，天有水旱，民有疾苦，求無不應」的英明神明形象推行儒家正統信仰教化理念。[24]王義方行釋奠禮儀，以及南漢政府敕封浴泊石神、洗夫人等事件均發生於儋州，表明此時儒家祭祀文化主要在儋州傳播，對府城地方文化的影響似還較為有限。至宋元時期，隨著府城政治地位的突顯，中原文化向府城傳播的速度明顯加快，不僅全國通祀祭祀符號在府城地區很快普及，與儒家祭祀理念相合的諸神祠也在府城地區普遍修建。

（一）宋代全國通祀祭祀符號在府城的落地

據記載，府城地區的社稷壇修建于宋代。[25]社稷祭祀是一種古老的祭祀，《白虎通義》〈社稷〉有關於社稷祭祀起因的記載：

> 王者所以有社稷何？為天下求福報功。人非土不立，非穀不

---

21 《新唐書》卷112〈王義方傳〉（北京市：中華書局，1975年），頁4159-4160。

22 （宋）樂史撰，王文楚等點較：《太平寰宇記》（北京市：中華書局，2007年），頁3234。

23 （宋）蘇軾著，李之亮箋注：《蘇軾文集編年箋注》（成都市：巴蜀書社，2011年），頁647。筆者按：筆者曾撰文探討過吳越地區潮神伍子胥形象的嬗變，指出中原官方文化的傳播，促使吳越地區的潮神伍子胥由「驅水為濤，以溺殺人」的凶神轉變為庇佑百姓免遭潮災的善神，海南浴泊石神形象的變嬗與此類似，參見李金操：〈由惡變善：潮神伍子胥形象變遷新探〉，《安徽史學》2017年第1期，頁33-38。

24 （宋）李光：《莊簡集》，《宋集珍本叢刊》第34冊（北京市：線裝書局，2004年），頁80。

25 正德《瓊臺志》卷26〈壇廟〉（海口市：海南出版社，2006年），頁767。

食。土地廣博，不可遍敬也；五穀眾多，不可一一而祭也。故封土立社，示有土尊；稷，五穀之長，故封稷而祭之也。[26]

顯然，社稷祭祀源於先民對土地及五穀的崇拜。古代中國以農業立國，故社稷祭祀享有很高的地位。在先周的國家禮制中，天子、諸侯都要親祭社稷。在漢代，中央與地方郡縣、王國皆置社稷壇，此制度為後世歷代王朝沿襲。至唐代，國家祀典不斷完備、國家禮制不斷下移，州縣社稷也被納入國家祀典。州縣社稷是唐代國家祀典中的「小祀」，其級別並不高，[27]但典制卻規定仲春仲秋祭祀社稷時，需州縣長官主祭、禮行三獻，儀式十分端莊。為何中央政府對州縣社稷如此看重？唐人韋彤的《五禮精義》有比較明確的闡釋，他指出：州縣社稷雖然「對國則為小祀」，但「在本境得自為尊」，故「牲用少牢，禮行三獻」。[28]除祭祀儀式十分隆重以外，州縣社稷地位的重要還體現在久旱祈雨的首祭上。唐代國家祀典規定，凡州縣遇乾旱祈雨，需「先（祈）社稷」，之後才能「祈界內山川能興雲雨者」。[29]總之，國家祀典對州縣社稷在地方祭祀生活領域的「獨尊」地位有十分明確的規定，「州縣社稷代表了國家對本行政區劃轄境地區的統治權」[30]。宋代府城地區置有瓊州的州社稷壇，該社稷壇是瓊州官長主導之儒家祭祀權威在地方祭祀生活領域得以樹立的重要標誌。

---

26 （漢）班固：《白虎通義》，載《文津閣四庫全書》第280冊（北京市：商務印書館，2005年），頁726。

27 在唐代祀典中，祭祀僅是「並同為小祀」，甚至連嚴格意義上的小祀都不算，參見（唐）蕭嵩等撰：《大唐開元禮》卷1，載《文津閣四庫全書》第215冊（北京市：商務印書館，2005年），頁604。

28 《太常因革禮》卷48〈諸州縣祭社稷〉，載王雲五主編：《叢書集成初編》第221冊（北京市：中華書局，2011年），頁327（正文頁290）。

29 《通典》卷108〈祈禱〉（北京市：中華書局，1988年），頁2808。

30 王美華：〈唐宋時期地方社稷與城隍神之間糾葛探析〉，《求是學刊》2016年第3期，頁155-163。

　　除社稷壇外，宋代府城地區還修建有風師壇和雨師雷師壇。[31]風師壇和雨師雷師壇分別是供奉風師（伯）和雨師、雷師的壇壝，該類壇壝最早僅供奉風師、雨師，到唐代才增加對雷師的崇祀。據《後漢書》〈祭祀志〉「縣邑常以乙未日祠先農於乙地，以丙戌日祠風伯于戌地，以己丑日祠雨師於丑地，用羊豕」之記載，[32]至少從漢代開始，地方上的風師、雨師祭祀已十分普遍。到了南朝蕭梁時期，朝廷規定「每以仲春仲秋，並令郡國縣祠社稷、先農，縣又兼祀靈星、風伯、雨師之屬」，[33]在祭祀社稷、先農的仲春仲秋祭祀風師、雨師，地方上的風師、雨師祭祀與社稷祭祀已緊密聯繫在一起。在南朝蕭梁時期，地方上似乎只有縣級政府才祭祀風師、雨師，郡國並不兼祀。至唐玄宗天寶四載，朝廷在敕令中央風師、雨師祭祀由小祀升格為中祀的同時，「仍令諸郡各置一壇，因春秋祭社之日，同申享祀」。[34]是年九月，唐玄宗再下敕令曰：「敕諸郡，風伯壇請置在社壇之東，雨師壇在社壇之西，各稍北三十步，其壇卑小於社壇造。……其祭官，准祭社例，取太守下充。」[35]至此，國家才有關於州郡級政府祭祀風師、雨師的明確規定。從風師、雨師壇方位以社稷壇為依據且「其壇卑小於社壇造」來看，風師、雨師在地方上扮演著社稷附屬的角色。天寶五載，朝廷以雷為雨之始，雨師之祀早有而雷師之祀闕如，下令曰：「其後每祀雨師，宜以雷師同壇祭，其牲別置於祭器也。」[36]雷師雖與雨師同壇祭祀，但犧牲「別置於祭器」，以示地位與雨師相同。宋承唐制，規定地方諸州要祭祀風雨雷師，且除邊地要據處由通判致祭外，其餘均需「長吏親享」。[37]宋代風師雨師壇制沿襲唐制，則府城地

31　正德《瓊臺志》卷26〈壇廟〉（海口市：海南出版社，2006年），頁340。

32　《後漢書》卷99〈祭祀志〉（北京市：中華書局，1965年），頁3204。

33　《隋書》卷7〈禮儀志〉（北京市：中華書局，1973年），頁141。

34　《通典》卷44〈禮典〉（北京市：中華書局，1988年），頁1242。

35　《唐會要》卷22〈祀風師雨師雷師壽星等〉（北京市：中華書局，1955年），頁426。

36　《通典》卷44〈禮典〉（北京市：中華書局，1988年），頁1242。

37　《宋史》卷103〈吉禮六〉（北京市：中華書局，1977年），頁2516。

區的風師壇位於社稷壇之東、雨師雷師壇位於社稷壇之西。

在社稷壇和風師壇、雨師雷師壇等壇壝祭祀以外，宋代府城地方政府還修建一座重要的官方祠廟——瓊州城隍廟。城隍廟在唐代還常被地方官員視為淫祀，唐肅宗朝鄂州刺史韋良宰曾指出：「此（城隍神）淫昏之鬼，不載祀典，若煩國禮，是荒巫風。」[38]肅宗朝任處州縉雲縣令的李陽冰亦曾指出城隍神是「祀典無之」而「吳越有之」的神祇。[39]雖然發軔於民間的城隍神在唐以前一直處於難登大雅之堂的尷尬境地，但不得不承認的是，此類人格神較壇壝崇祀更容易被民眾接受，且以城市為依託的城隍信仰很容易在各城市傳播，故唐宋時期的城隍神信仰發展很快，是很有影響的地方神祇。因城隍神對民眾信仰生活的影響很大，至宋代，中央、地方政府已不再將其視為淫昏之鬼，宋人真德秀指出：「城隍之有神，猶郡國之有守，幽明雖殊，其職於民則一而已。」[40]表明在宋人觀念中，城隍神在某地神域的地位已相當於地方官長在地方上的地位。羅濬在撰寫《寶慶四明志》時指出：「社稷為一州境土最尊之神，城隍為一城境土最尊之神。」[41]顯然，在士人階層眼中，城隍神的地位已與社稷相當。實際上，屬於壇壝祭祀系統的社稷在宋代僅保有一境之尊的虛名，在很多地方，社稷壇長期處於荒蕪狀態。[42]清人秦蕙田論到社稷與城隍祭祀時指出：「祈報之祭，達于王公士庶、京國郡邑，而無不遍者，在古唯有社稷，而後世則有城隍。且其義、其秩頗與社稷類，而威靈赫濯，奔走巫祝，

38 （唐）李白：《李太白全集》（北京市：中華書局，1977年），頁1361。

39 （清）董浩編：《全唐文》（北京市：中華書局，1983年），頁4461。

40 （宋）真德秀撰，王雲五主編：《西山先聖真文忠公文集》（上海市：商務印書館，1937年），頁883-884。

41 浙江省地方誌編纂委員會編著：《宋元浙江方志集成》第7冊（杭州市：杭州出版社，2009年），頁3127。

42 雖然國家祀典十分重視社稷祠祀，但在宋代，很多地方的社稷壇出於「壇壝蕪沒」的狀態，參見（宋）李燾：《續資治通鑑長編》卷483「宋哲宗元佑八年夏四月丁巳條」（上海市：上海古籍出版社，1986年），頁4508。

為民物之保障，官吏之所倚庇者，則更甚於社稷。」[43]顯然，「後世」的城隍神與社稷一樣，是地方政府祭祀權威得以樹立的重要標誌。

（二）宋元時期官方主導之祠廟崇祀文化在府城地區的落地

在古代，祠神是一個信仰內涵十分駁雜的群體。其中，既有與儒家祭祀理念十分契合的先聖、先賢，又有與儒家祭祀理念截然相悖的「淫昏之鬼」。對以上兩種不同類型的神祇，儒生們秉持截然不同的態度，我們可以從漢成帝時期匡衡、甄譚所上條奏中管窺一斑：

> 是歲（匡）衡、（甄）譚復條奏：「長安廚官縣官給祠、郡國侯
> 神方士使者所祠，凡六百八十三所，其二百八所應禮，又疑無
> 明文，可奉祠如故。其餘四百七十五所不應禮，或重複，請皆
> 罷。」[44]

在匡衡、甄譚等儒者看來，長安廚官縣官給祠、郡國侯神方士使者所祠主要分為「應禮」、「不應禮」兩大類。所謂「應禮」，即與儒家祭祀理念相合，供奉此類神祇的祠廟應由官方維護；所謂「不應禮」，即與儒家祭祀理念相悖，供奉此類神祇的祠廟應「皆罷」。

對不應禮的神祇「請皆罷」僅是祠神管控中的一種理想狀態，這種狀態很難達成，因為普通百姓的崇祀喜好未必總與儒家祠祀理念相合，即一般民眾廣泛崇奉、對地方社會產生較大影響的神祇，未必都是與儒家祭祀理念相契合的神祇。比如，「嗜酒好色，挑達無度」的蔣子文明顯與儒家祭祀理念不合，但其歿後被民眾奉為神祇，且其信仰傳播很快，在魏晉南北朝時期的江南地區有十分廣泛的影響。在此

---

43 （清）秦蕙田：《城隍考》，載《清代經世文全編》第7冊（北京市：學苑出版社，2010年），頁446。

44 《漢書》卷25〈郊祀志〉（北京市：中華書局，1962年），頁1257。

背景下，六朝政權對蔣子文神封賜不斷，東吳時期封中都侯，東晉政府對其奉以相國之號，南朝劉宋時期敕封其為鐘山王，南朝蕭齊時期加其號為「靈帝」，表明蔣子文已由淫祠轉變為國家正神。[45]

在唐以前，像蔣子文這樣由「淫昏之鬼」轉變為國家正神的案例還不是很多。到了唐代，國家祀典規定不僅州縣社稷、釋奠，連地方上的「諸神祠」也同樣享受「並同為小祀」的待遇。[46]如學者所言，對祠神的認定「實際上涉及中央與地方的權利分配格局，也隱含了國家正統的儒家倫理、意識形態與地方性崇拜的對立與妥協」，而「諸神祠」邊界的模糊性，實際上等同於將對祠祀性質的判定權下放給地方政府，這就「使地方信仰與國家禮制的結合成為可能」。[47]將對地方祠祀合法身分判定權下放到地方政府後，人們對民間祠祀正淫與否的判定標準也在發生變化。在中晚唐的文獻中，雖然依舊有人高談儒家祭祀原則，但地方政府的祭祀運作會更加靈活。按《唐國史補》「每歲有司行祀典者，不可勝紀。一鄉、一里，必有祠廟焉。為人禍福，其弊甚矣」之記載，晚唐時期，人們已將為地方官員祭祀的民間神祇視為「祀典」，但他們中的大多數「其弊甚矣」，未必合乎儒家祭祀理念。

五代十國時期，各割據政權，特別是長江以南的各割據政權普遍採取封賜境內祠神官爵、援引地方神祇影響力的方式提升政府的政治威望。[48]宋朝建立後，中央政府對地方神祇的管理模式較五代十國時期進一步深化。北宋政府「先是通過賜額、加封、修廟等手段對於州

---

45 參見劉雅萍：〈中國古代民間神靈的興衰更替——以南京蔣子文祠為例〉，《世界宗教研究》2011年第4期，頁69-74。

46 （唐）蕭嵩等撰：《大唐開元禮》卷1，載《文津閣四庫全書》第215冊（北京市：商務印書館，2005年），頁604。

47 雷聞：〈唐代地方祠祀的分層與運作——以生詞與城隍神為中心〉，《歷史研究》2004年第2期。

48 楊俊峰：〈五代南方王國的封神運動〉，《漢學研究》第28卷第2期，頁327-362。

縣祠祀進行認定，後又直接編制『祀典』，對其實現了直接控制」。[49]《宋史》〈禮志八〉「諸神祠」條記載了國家祀典吸納地方神祇的原則：

> 自開寶、皇佑以來，凡天下名在地志，功及生民，宮觀陵廟，名山大川能興雲雨者，並加崇飾，增入祀典。熙甯復詔應祠廟祈禱靈驗，而未有爵號，並以名聞。……其他州縣嶽瀆、城隍、仙佛、山神、龍神、水泉江河之神及諸小祠，皆由祈禱感應，而封賜之多，不能盡錄云。[50]

可見在宋代，地方「諸神祠」能否被吸納進國家祀典，主要看官民祈禱是否能「靈驗」、能「感應」。這是一個相當寬泛的標準，官民祈禱能否靈驗，全看地方官民的主觀認定。因判定標準十分寬鬆，兩宋時期，很多地方「諸神祠」被吸納進國家祀典。

宋代海南府城修建祠廟的數量還不多，除瓊州城隍廟可確定載入祀典外，靈山祠、伏波廟亦極有可能是享有官方合法身分的祠廟。據正德《瓊臺志》，在明朝洪武三年例勘地方祠廟入祀典時，瓊州府知府宋希顏「以其能興雲雨，禦災患，奏入祀典」。[51]表明在明朝以前，靈山祠神便以「能興雲雨，禦災患」聞名。在儒家祭祀理念中，山林川澤等自然神有庇佑一方百姓之功。按靈山祠建於宋代，此時儒家祭祀理念已影響至府城地區，故筆者認為，靈山祠廟修建之初，便極可能是福澤一方百姓的正神。伏波廟主要供奉漢二伏波將軍馬援、路博多，對他們的崇拜本就屬於儒家祭祀理念中的先賢崇拜。在宋代，二伏波將軍承擔著庇佑官民安全渡海的職能，蘇東坡、李綱等官員在渡海至瓊，亦或北返內地時，均曾在伏波廟祈求獲佑，表明伏波廟完全

---

49 雷聞：《郊廟之外》（北京市：生活・讀書・新知三聯書店，2009年），頁274。

50 《宋史》卷105〈禮志八〉（北京市：中華書局，1977年），頁2561-2562。

51 正德《瓊臺志》卷26〈壇廟〉（海口市：海南出版社，2006年），頁533-534。

符合宋代「祈禱靈驗」或「祈禱感應」的載入祀典標原則。[52]從宋代
開始，漢族移民開始大規模向海南遷徙，其中有不少人選擇在府城定
居。在府城定居的漢族「鄉人」也主持修建了一些祠廟，如位於府城
城東的五娘廟和位於府城東南十三里上那邕都的籬氏廟。[53]這些祠廟
應是不載於祀典的土人私祀。

　　在宋代，府城地區地方官員主持修建祠廟的情形尚不多見。至元
代，瓊州文武官員參與祠廟修建或重修的情況愈發普遍。修建於分憲
之東、宣司之西的關王廟，曾由元帥張成重修；位於瓊州州學旁、供
奉梓潼帝君的文昌宮，由瓊州州學教授金德主持修建；位於瓊州州城
西北部的黑神廟，由元參政完澤征黎時修建；位於瓊州城東一里的東
嶽廟，在元大德年間曾由元帥張溫「重建宏偉，撥田給繕修」，至元
初中丞阿魯謫居時又「鼎建，范銅為五嶽像」；建於瓊州海口都的水
仙廟，曾由元代元帥實德資海牙重修。[54]這些由中央、地方官員主持
修建或參與重修的祠廟，供奉的多是為元中央敕封過的祠神。如關王
廟中供奉的關羽曾在元文宗天曆二年（1329）被敕封為「顯靈義勇武
安英濟王」[55]；梓潼帝君在元代曾被多次加封，以致「爵已極則無以
復加，號已盛則無庸改作」[56]；東嶽泰山神則早在元世祖時即被加封
為「齊天大生仁聖帝」[57]。顯然，地方官員主導修建之祠廟供奉的祠
神，多是中央政府認可、支持的神祇。值得注意的是，元代府城地區
修建有天妃廟。早在元世祖時，天妃便已被加封為「護國明著天

52　正德《瓊臺志》卷26〈壇廟〉（海口市：海南出版社，2006年），頁536。

53　正德《瓊臺志》卷26〈壇廟〉（海口市：海南出版社，2006年），頁539。

54　正德《瓊臺志》卷26〈壇廟〉（海口市：海南出版社，2006年），頁536-539。

55　李修生主編：《全元文》第36冊（南京市：江蘇古籍出版社，2004年），頁370。

56　《元加封廟額》，轉引自蘇寧等：《道家精神與成都休閒文化》（武漢市：武漢出版
　　社，2014年7月），頁100。

57　（明）王圻撰：《續文獻通考》卷109〈郊社考〉，載《續修四庫全書》第764冊（上
　　海市：上海古籍出版社，1995年），頁101。

妃」，是國家認可的正神。雖然正德《瓊臺志》未有元朝官員參與府城天妃廟修建或重修的記載，但天妃廟很可能是官方祠廟。[58]天妃與水仙廟中供奉的祠神柳毅都是庇護商民航行平安的祠神，天妃廟、水仙廟的修建說明，府城是元代海上絲綢之路上重要的港口城市。

第二節　宋元時期佛教文化在海南府城的落地與發展

一　宋代漢地佛教文化在海南府城的落地

（一）宋代帝王與宋朝佛教政策

　　宋朝建立後，最高統治者吸取歷代帝王佞佛與滅佛的經驗教訓，制定了即扶持、利用佛教，又對其發展給予適當限制的政策。

　　據《佛祖統紀》記載，宋太祖即位前既與佛教人士相善。[59]建隆元年（西元960年）六月，宋太祖下詔諸路寺院曰：「經顯德二年（西元955年）當廢未毀者聽存，其已毀寺所有佛像許移置存留。」此詔令等於廢除了周世宗顯德二年所下的廢佛詔令，一舉改變了全國的佛教氛圍，使「人間所藏銅像稍稍得出」。[60]此後，宋太祖常有重佛舉措，如建隆二年時，宋太祖曾改揚州行宮為建隆寺，以為死難士兵祈福；乾德四年（西元965年）時，太祖下詔派遣一百多名僧人西行求法，「仍各賜錢三萬」；時河南府進士李藹「造《滅邪集》以毀釋教」，太祖聽聞之後「以為非毀聖道，誑惑百姓，敕流沙門島」；開寶

58　正德《瓊臺志》卷26〈壇廟〉（海口市：海南出版社，2006年），頁536-539。

59　（宋）釋志磐撰、釋道法校注：《佛祖統紀校注》卷44〈法運通塞志〉（上海市：上海古籍出版社，2012年），頁1015-1017。

60　（宋）釋志磐撰、釋道法校注：《佛祖統紀校注》卷44〈法運通塞志〉（上海市：上海古籍出版社，2012年），頁1018。

四年（西元971年），太祖「敕高品張從信往益州雕大藏經版」，開中
國歷史上全藏刻版之始；開寶六年，中天竺沙門法天至，翻譯《聖無
量壽經》等佛經，太祖「詔法天赴闕，召見慰問，賜紫方袍」。[61]宋太
祖推崇佛教是為利用佛教維護政治統治，其本人並不佞佛，對於灌頂
道場、水陸齋會、夜集士女等他認為違背「適當崇閩」原則的佛事行
為，宋太祖是堅決主張取締、禁止的。[62]

　　宋太宗繼承了宋太祖扶持佛教的政策，在剃度僧人、寺廟賜額、
敕修寺廟、翻譯佛經、編訂僧史、開置內道場、推動中外佛教交流方
面均有不小作為，甚至研究宋代佛教史的學者認為，正是宋太宗對佛
教的推崇推動宋代佛教發展走向正規化。[63]關於宋太宗崇奉佛教的目
的，我們可以從他在太平興國八年（西元983年）十月同宰相趙普等
人的對話中管窺一斑：「浮屠氏之教，有裨政治，達者自悟淵微，愚
者妄生誣謗，朕於此道，微究宗旨。凡為君治人，即是修行之地，行
一好事，天下獲利，即釋氏所謂利他者也。……為君者撫育萬類，皆
如赤子，無偏無黨，各得其所，豈非修行之道乎？雖方外之說，亦有
可觀者，卿等試讀之。」[64]顯然，宋太宗之所以支持佛教，主要是因為
他認為佛教「有裨政治」。宋太宗不僅本人喜好佛經，還常勸宰執們
「試讀之」，這為宋代佛教的傳播創造一個相對寬鬆的政治氛圍。但
值得注意的是，宋太宗本人亦不佞佛，他一直強調佛教的發展應在政
府管控下。他一方面維持固定佛像數量，防止民眾因濫造佛像而佞
佛；另一方面採取系帳制度、度僧配額制度、考試制度等有效措施，

61　（宋）釋志磐撰、釋道法校注：《佛祖統紀校注》卷44〈法運通塞志〉（上海市：上
　　海古籍出版社，2012年），頁1018-1023。

62　《宋大詔令集》卷223〈政事七〉〈釋道上〉（北京市：中華書局，1962年），頁861。

63　詳參閻孟祥：《宋代佛教史》（北京市：人民出版社，2013年），頁59-60。

64　（宋）李燾：《續資治通鑑長編》卷24「太平興國八年十月甲申條」（上海市：上海
　　古籍出版社，1986年），頁211。

規範民眾進入僧尼行列的程式，並對私度、冒偽行為給予嚴厲懲戒。[65] 顯然，太宗皇帝與太祖皇帝一樣，對佛教發展採取既保護又限制的方針。此後的宋朝統治者在制定佛教政策時，大多遵循太祖、太宗的做法，宋朝佛教也在政府的支援下向邊疆地區傳播。[66]

（二）宋代府城地區的佛教發展與佛寺興建

唐代府城地區已有佛寺興建，且當時府城地區的地方官員多敬奉高僧，給鑑真一行人以極高的禮遇。[67]五代時期，割據嶺南的劉漢政權頗為佞佛，曾於瓊州建為影堂，表明五代時期府城地區的佛教文化依舊在不斷發展。[68]但從唐末劉恂《嶺表錄異》「南中小郡，多無緇流。⋯⋯崖州自來無僧家，臨事差攝」之記載推測，[69]唐五代時期，府城地區的佛教文化對民眾信仰生活的影響還相對較小，佛教文化在府城落地的工作尚難稱得上完成。

在宋代，府城地區的佛教有較大程度的發展。據宋代高僧覺范禪師（名德洪，又字惠洪）的《無證庵記》，在覺范被貶海南期間曾「館於開元（寺）之上方儼師院」，一度十分「頹然」。後來，因有「道人」經常拜訪，與覺范相談甚歡，令其翛然「忘百事」。兩人相談百許日，「道人」問覺范「出世之法」，覺范指點他去臨濟宗靈源大師處求法。「道人」果聽其言，「見靈源於龍山兩白」。三年後覺范北歸，機緣巧合下再次與「道人」相遇，此時「道人」已是靈源門下高

---

65 閻孟祥：《宋代佛教史》（北京市：人民出版社，2013年12月），頁51-62。

66 宋徽宗時期，曾對佛教發展給予短暫壓制，令佛教稱謂按照道教名號進行改革，但為時甚短、影響不大。

67 （日）真人開元著，汪向榮校注：《唐大和上東征傳》（北京市：中華書局，1979年），頁69-70。

68 《輿地紀勝》卷124〈廣南西路〉〈瓊州〉（成都市：四川大學出版社，2005年），頁3938。

69 （唐）劉恂撰，商璧等校補：《嶺表錄異校補》（南寧市：廣西民族出版社，1988年），頁76。

僧。[70]通過覺范的記述可知，宋代瓊州開元寺有一心向佛之僧人常
住，與唐五代時期的「自來無僧家，臨事差攝」已大有不同。

　　宋代府城地區佛教文化的發展與地方官員的扶持密不可分。早在
唐代，包括崖州官僚在內的海南上層人物已普遍崇奉佛教、尊敬高
僧，至宋代，這一情況依舊存在。覺范被貶海南時是戴罪之身，即便
如此，以瓊州知州為代表的府城官員依舊對其十分尊敬，其著作有相
關記載：

> 余至海南，留瓊山，太守張公憐之，使就雙井養病，在郡城之
> 東北隅，東坡北渡，嘗遊愛泉，相去咫尺而異味，為名其亭曰
> 「洞酌」，且賦詩而去。……太守又構庵於後，其名「致遠」。
> 余既居之，乞橄欖於旁舍，判荔樹于沙岸，作詩，其略曰：
> 「整藍乞橄欖，斷樹判荔枝」。……崇寧寺有經可借，郡有書
> 萬卷，太守使監中之，余乞食於市，作息之餘，發《首楞經》
> 之義以為書，他日以寄吾弟祖超然，使知余雖困窮於萬里，不
> 能忘道也。[71]

　　太守不僅在城東北隅雙井之後造「致遠庵」以居之，還准其自由
借閱崇寧寺之經，並讓其監理郡中萬卷之書，足以表明地方官員對佛
教的友善態度。在宋代，府城地區一些規模較大的寺廟，如覺范所說
「有經可借」的崇寧寺，以及正德《瓊臺志》中記載的天南寺，很可
能是在地方政府的支持下修建的。

　　漢族移民的大量遷入，當是佛教文化向海南傳播的又一推動因

70　（宋）釋惠洪著，（日）釋廓門貫徹注、張伯偉點較：《注石門文字禪》卷22〈無證
　　庵記〉（北京市：中華書局，2012年），頁1325。

71　（宋）釋惠洪著，（日）釋廓門貫徹注、張伯偉點較：《注石門文字禪》卷23〈送李
　　仲元寄超然序〉（北京市：中華書局，2012年），頁1399-1400。

素。學者指出，從宋代開始，海北漢人開始大量遷徙海南，形成移民浪潮。因宋代府城是海南的政治中心，入瓊漢人群體中，選擇定居府城者不乏其人。[72]海北漢族百姓中不乏佛教信徒，這些人是海北佛教向府城傳播的重要媒介。據正德《瓊臺志》，府城城南六十里梁老都的梁老塔、城東南十里的張吳塔均為「宋鄉人建」，這些為「宋鄉人建」的塔廟，是海北漢族移民推動佛教文化在府城傳播的有力證據。[73]

宋代府城地區佛教寺塔一覽表

名稱	位置	相關情況
天南寺	城北一里西廂	元代易名為天寧寺，規模甚大，明初地方官員扁其門為「海南第一禪林」，當是宋代官修寺廟
開元寺	城南南橋	即古乾享寺，後廢
彌陀道場	城東二里	元代改建為彌陀堂
水月堂	城東五里東廂	宋建
三滴水堂	城西十五里上博崖都	宋建，為三級樓，下有石橋數十丈，山明水秀，允為勝境
張吳塔	城東南十里張吳都	宋鄉人建
梁老塔	城東南六十里梁老都	宋鄉人建
金利崇福寺	城西五十里	宋代蘇軾曾為其題詩
致遠庵	城東北雙井處	宋徽宗政和年間覺范被貶海南，太守張公為其建庵以處之
崇寧寺	未詳	覺范禪師被貶期間，嘗於此寺借經，當是宋代一規模較大的官方寺廟

---

72 參見周偉民、唐玲玲：《海南通史・宋元卷》（北京市：人民出版社，2017年11月），頁38-42。

73 正德《瓊臺志》卷27〈寺觀〉（海口市：海南出版社，2006年），頁566-567。

名稱	位置	相關情況
儒符石塔	今海口市瓊山區石山鎮儒符村	又稱涅槃塔，建於宋末，當是符姓鄉人修建

材料來源：正德《瓊臺志》卷二十七〈寺觀〉、萬曆《瓊州府志》卷四〈建置志〉〈寺觀〉、《注石門文字禪》卷二十二〈無證庵記〉、卷二十三〈送李仲元寄超然序〉、陳峰：《海南古今佛教寺塔碑像大觀》[74]。

據上表，宋代府城地區共修建至少十一座佛教寺塔。其中，既有被後代尊稱為「海南第一禪林」的天南寺、藏有眾多佛經之崇寧寺等規模較大的寺廟，也有張吳塔、梁老塔、儒符石塔等規模較小、鄉人自發修建、寄託鄉民宗教情感的小型寺塔。宋代府城寺塔中供奉的佛像具體為何，我們很難詳細考證。但從彌陀道場之名來看，該道場當主要供奉阿彌陀佛；從覺范館於開元（寺）上方儼師院時「日與彌勒同龕」來看，彌勒信仰也對府城官民有較大影響；從水月堂、三滴水堂的名稱來看，它們應是主要供奉觀音菩薩的道場。眾所周知，宋元漢傳佛教信仰的基本特色是「一佛六菩薩」[75]，而宋代府城地區至少已有一佛二菩薩信仰，表明此時在府城傳播的佛教文化主要是海北漢地佛教信仰文化。

二 元代佛教文化在府城地區的傳播

（一）元代帝王對佛教發展的大力扶持

《元史》〈釋老傳〉記述元代佛教發展盛況曰：「元興，崇尚釋

---

74 表名中「寺塔」指的是傳播佛教文化的教化空間，陳峰的《海南古今佛教寺塔碑像大觀》收錄的「妙貞塔」是宋代信民王氏為善人妙貞所建，因該塔是墓塔，不足以承擔教化空間功能，故不予收錄。

75 一佛即阿彌陀佛，六菩薩即文殊菩薩、普賢菩薩、觀世音菩薩、地藏王菩薩、大勢至菩薩和彌勒菩薩，參見李尚全：《簡明中國佛教史》（上海市：上海社科院出版社，2011年），頁127。

氏，而帝師之盛，尤不可與古昔同語。維道家方士之流，假禱祠之說，乘時以起，曾不及其什一焉。」[76]元末明初著名史學家危素亦指出：「蓋佛教之說行乎中國，而尊崇護衛，莫盛於本朝。」[77]元代佛教之所以如此興盛，與元代帝王的大力扶持不無關係。早在成吉思汗時期，蒙古統治者便已對佛教表以善意。蒙哥汗和忽必烈統治時期，佛教更是通過四次辯論，取得有元一代主流宗教的地位。[78]在佛道辯論期間，憲宗蒙哥曾形象比喻佛教與其他宗教的區別：「譬如五指皆從掌出，佛門如掌，餘則如指。」[79]顯然，早在憲宗時期，蒙古統治者已傾向於選擇佛教作為國家最重要的制度性宗教。世祖忽必烈繼位後帶頭崇佛，佛教地位空前提高。他經常於「萬機之暇，自持數珠課誦施食」，同時廣興佛事。[80]據學者統計，僅依《元史》〈世祖本紀二〉記載，自中統二年（1261）至至元三十年（1292）間，忽必烈便已至少組織二十餘次大型的佛事活動，其中不乏「集諸路僧四萬于西京普恩寺，依資戒會七日夜」等影響全國者。[81]為表示對佛教的推崇，忽必烈還下令免除佛寺稅賦，「故自有天下，寺院田產二稅盡蠲免之，並令緇侶安心辦道」，實可謂「以弘教為己任」。[82]

---

76 《元史》卷202〈釋老傳〉（北京市：中華書局，1976年），頁4517。

77 （元）危素：《說學齋稿》卷2〈揚州正勝寺記〉，載《文津閣四庫全書》第409冊（北京市：商務印書館，2005年），頁718。

78 參見鄭佩：〈蒙元時期佛道四次辯論之真相探尋〉，《雲南社會科學》2013年第2期；任宜敏：〈元代宗教政策略論〉，《文史哲》2007年第4期，頁163-167。

79 （元）釋道邁：《至元辨偽錄》卷3，載（日）高楠順次郎等：《大正新修大藏經》第52冊〈史傳部四〉卷2166（臺北市：新文豐出版公司，1983年），頁770。

80 （宋）釋志磐撰、釋道法校注：《佛祖統紀校注》卷49〈法運通塞志〉（上海市：上海古籍出版社，2012年），頁1155。

81 喬吉：《蒙古族全史·宗教卷》（呼和浩特市：內蒙古大學出版社，2011年），頁67-69。

82 （宋）釋志磐撰、釋道法校注：《佛祖統紀校注》卷49〈法運通塞志〉（上海市：上海古籍出版社，2012年），頁1155。

　　忽必烈之後的元代諸帝效法忽必烈的做法，對佛教推崇備至。[83]
在中央政府的支援下，元代佛教發展速度很快，直觀表現為寺廟數量
的迅速增加。據研究元代佛教的學者統計，早在至元二十八年，元朝
的寺院總數已「超過了以前各個朝代的寺院數量」，而元順帝時全國
佛寺更是「比五十年前的成宗大德初年增加了十倍」，[84]不外乎元人張
養浩的〈歸田類稿〉有「凡天下人跡所到，精藍勝觀，棟宇相望」之
記載[85]。在此背景下，府城地區亦新修不少佛教寺塔，表明這一時期
佛教在府城地區的傳播取得相當不錯的成績。

（二）元代府城地區的佛教發展與佛寺興建

　　元代帝王、官僚對佛教的崇祀，大大推動佛教文化在府城地區的
傳播。據記載，這一時期府城地區有不少寺廟是由政府官員主導興
建，其中最為著名的便是元文宗敕建的大興龍普明禪寺。元文宗名孛
兒只斤・圖帖睦爾，是元朝第八位皇帝。他曾於至治元年（1321）出
居海南，直至泰定元年（1324）被詔還，在海南「潛邸」約三年。據
元人虞集的〈重修瓊山縣普明禪寺記〉，被出海南期間，元文宗曾在府
城城南創觀音閣，用以求福。在海南期間，因地方官民照顧有加，元
文宗「越歷歲年，有安無苦」。為答謝上天、列祖庇佑，文宗皇帝繼
位後「乃捐金鳩工」，在城南觀音閣基礎上建「釋氏之精藍」，賜名
「大興龍普明禪寺」。[86]為修建大興龍普明禪寺，元文宗在天曆二年九
月立海南營繕提點所，秩正四品；[87]次年春正月賜海南大興龍普明寺

83　可參見喬吉：《蒙古族全史・宗教卷》（呼和浩特市：內蒙古大學出版社，2011
　　年），頁69-71。

84　張雖旺：《宋元時期佛教在河湟地區的傳播》，陝西師範大學2015年博士學位論文，
　　頁192。

85　（元）張養浩：《歸田類稿》卷2〈時政書〉，載《文津閣四庫全書》第398冊（北京
　　市：商務印書館，2005年），頁400。

86　（清）阮元：《廣東通志》〈瓊州府〉（海口市：海南出版社，2006年），頁625-626。

87　《元史》卷33〈文宗紀二〉（北京市：中華書局，1976年），頁740。

鈔萬錠，用以市永業地，[88]並於該年二月庚寅詔改興隆普明營繕提點所為營繕都司，仍秩正四品[89]。大興龍普明禪寺耗費重金，「締構雄麗，嶺海之間鬱為奇觀」，是海南歷史上少有的皇家寺廟。

除大興龍普明禪寺外，府城還有不少其他官修寺塔。如：元文宗來到海南時，因在海口都登岸時恰值天明，故在海口都創天明塔；元文宗從僚撒迪在城東一里元文宗潛邸處建壽佛堂、延壽堂，並在城東二里原彌陀道場處建彌陀堂；伯言專政期時懿憐真班曾謫居海南，在城北七里海口都建天明堂。[90]以上五處佛教寺塔，加上元文宗敕建的大興龍普明禪寺，元代的府城地區至少新修七座佛教寺塔，其中不乏規模宏大、冠於嶺表者，可見官方力量是推動佛教文化傳播的主力。

除官方力量外，民間力量也積極參與佛教文化的傳播。早在宋代，已有不少以福建、廣東漢人為主的海北漢族移民移居府城，他們積極參與佛教寺塔修建，推動了府城地區佛教文化的發展。至元代，府城人口較宋代增長很多，其中既有人口自然增殖的因素，亦有新海北漢人移民府城的因素。[91]在新移入漢民的日常信仰生活中，佛教扮演著十分很重要的角色，他們到達府城後，積極參與地方佛教寺塔的修建。據正德《瓊臺志》，位於城南五里大來都的丁村塔、在城東十里上東岸都的東岸塔、在城西十五里蒼驛都的蒼驛塔、位於城西三十里永都的買椰塔、位於城西四十里石山都的石山塔、位於城東四十里小林都的雷順塔皆為「元鄉人建」。鄉人們修建的寺塔或許規模不及官方寺廟，但足以滿足鄉民日常祈請、奉佛需要，是他們日常生活中重要的信仰空間。

---

88 《元史》卷34〈文宗紀三〉（北京市：中華書局，1976年），頁750。

89 《元史》卷34〈文宗紀三〉（北京市：中華書局，1976年），頁751。

90 正德《瓊臺志》卷27〈寺觀〉（海口市：海南出版社，2006年），頁562-566。

91 參見周偉民、唐玲玲：《海南通史・宋元卷》（北京市：人民出版社，2017年），頁338-346。

元代府城地區佛教寺塔一覽表

名稱	位置	相關情況
天寧寺	城北一里西廂	宋代名天南寺，明初普明寺被毀後，該寺成為海南規模最大寺廟，被譽為「海南第一禪林」
開元寺	城南南橋	宋建，後廢
普明寺	城南	元文宗曾潛邸城南，創觀音閣，後在此閣基礎上建寺廟，名「大興龍普明禪寺」，置歸運提點所，設官六員
壽佛堂	城東一里	元文宗從僚撒迪建，後廢
延壽堂	城東一里	元文宗從僚撒迪建，後廢
彌陀堂	城東二里	原宋代彌陀道場荒址，撒迪見茅屋住尼妙性，乃為建堂
水月堂	城東五里東廂	宋建，後廢
天明堂	城北七里海口都	元懿憐真班謫居時建，後憲副也先不花重修
普庵堂（其一）	城北海口	祀普庵，初元時已有，久廢
普庵堂（其二）	城東水關上	祀普庵，初元時已有
觀音堂閣（其一）	在城內	後廢
觀音堂閣（其二）	城東三十里小林都	後廢
三滴水堂	城西十五里上博崖都	宋建，為三級樓，下有石橋數十丈，山明水秀，允為勝境
丁村塔	城南五里大來都	元鄉人建
天明塔	城北七里海口都	元文宗建
張吳塔	城東南十里張吳都	宋鄉人建
東岸塔	城東十里東岸都	元鄉人建
蒼驛塔	城西十五里蒼驛都	元鄉人建

名稱	位置	相關情況
買椰塔	城西三十里永都	元鄉人建
石山塔	城西四十里上石山都	元鄉人建
雷順塔	縣東四十里小林都	元僧無我建
梁老塔	縣南六十里梁老都	宋鄉人建

材料來源：正德《瓊臺志》卷二十七〈寺觀〉、萬曆《瓊州府志》卷四〈建置志〉〈寺觀〉。

　　據上表，元代府城地區共修建二十一座佛教寺塔，其數量約為宋代的兩倍，無論是官方寺塔還是民間寺塔，都較宋代有明顯發展。因佛教氛圍濃厚，開始有高僧主動來府城參佛，如籍貫澄邁縣寶義都的高僧月林曾長期擔任普明寺主持，年五十涅槃，「趺坐而化。焚時，有五色舍利」[92]；當地一心向佛者成為高僧的情況亦見載於方志，如高僧無我是府城小林都人，「自少出家，穎悟禪機，苦心修行」[93]。這一切均表明，元代府城佛教文化在宋代的基礎上又有進一步發展。

第三節　宋元時期道教文化在府城地區的落地

一　宋代道教文化在海南府城的落地

（一）宋代帝王對道教發展的扶持

　　在稱帝之前，宋太祖趙匡胤便與後周諸多道士往來密切。宋朝建立後，宋太祖有感於「道教微弱」、「道流庸雜」，從利用道教維護統治的角度出發，採取修復宮觀、選拔道官、禁斷惡習、嚴禁私度、獎優劣汰等五項措施，「初步革除了道教在五代十國時期的弊端，促使

---

92 正德《瓊臺志》卷40〈人物〉〈仙釋〉（海口市：海南出版社，2006年），頁840。
93 正德《瓊臺志》卷40〈人物〉〈仙釋〉（海口市：海南出版社，2006年），頁840。

其向有利於封建統治的方面發展，奠定了宋代道教繁榮的基礎」。[94]宋太宗奪取帝位前後，曾利用道士張守真進行輿論造勢，故在稱帝后，太宗皇帝大力奉行崇道政策，不僅對當時的著名道士如張守真、丁少微等封賜不斷，還敕建了以上清太平宮、太一宮、上清宮等為代表的一批大型道教宮觀，並派專職官員搜集道書，彙編成《道藏》。宋太宗對道教發展扶持力度很大，以致在其去世後朝臣議諡時，特意提到他對「釋老之教崇奉為先，名山大川，靈蹤勝景，仁祠仙宇，經之營之，致恭之誠廣也」的事蹟。[95]宋真宗繼位後，因澶淵之盟的城下之恥「常快快」，時刻想要洗刷恥辱、重振皇威。在宰執的勸誘下，宋真宗開始通過「神道設教」駕馭「天下強梗」，不僅在皇城建造規模空前宏大的玉清昭應宮、詔天下各州縣建天慶觀，還通過製造「天書」等人工「祥瑞」的方式拉開一場封禪泰山、祠祭后土的大戲，並主導一齣以崇奉「聖祖」為中心的崇道鬧劇。這些活動都耗費了大量資財，於國家統治不利，但客觀上促進了道教的發展，使「天下始遍有道像矣」。[96]

　　宋朝對道教最推崇的帝王是宋徽宗。在崇甯、大觀年間，宋徽宗崇道的主要表現是對部分道士的延召和尊崇，其影響尚小。自政和三年（1113），因郊祀途中遇神人降，宋徽宗特作《天真降臨示現記》，命頒行全國。此舉拉開徽宗朝大規模崇奉道教的序幕，宋朝的「道教之盛，則自此始」。[97]此後不久，宋徽宗在道士林靈素「神霄說」的鼓

94 任繼愈主編：《中國道教史（增訂本）》（北京市：中國社會科學出版社，2001年），頁542-543。

95 （宋）錢若水撰，燕永成點校：《宋太宗實錄》（蘭州市：甘肅人民出版社，2005年），頁205。

96 （宋）楊仲良撰：《皇宋通鑑長編紀事本末》（哈爾濱市：黑龍江人民出版社，2006年），頁316。

97 （宋）楊仲良撰：《皇宋通鑑長編紀事本末》（哈爾濱市：黑龍江人民出版社，2006年），頁2143。

動下，掀起一場瘋狂的崇道活動，不僅下詔天下建神霄玉清萬壽宮（小州、軍、監無道觀者以僧寺改充），還自比「教主道君皇帝」，並強行「改佛為大覺金仙，余為仙人、大士之號」、令僧尼改道教士女裝束。[98]宋徽宗的崇道舉措客觀上促進了道教符籙派尤其是神霄派的發展，但也動搖了以往穩健的以儒教為主體、佛道為兩翼的信仰教化政策，使得北宋政府執政紊亂、政治黑暗，這無疑加快了北宋滅亡的進程。

　　宋高宗建立南宋後，做出「猶寅畏天命」的姿態，多次召集道士祈禱、齋醮，利用道教安慰民心，收到一定成效。宋高宗以後的南宋帝王，如宋孝宗、宋理宗等亦都崇奉道教，但他們對道教的崇奉不似真宗、徽宗那樣荒誕，更多表現為利用道教維護統治。總體上看，宋代帝王多奉行推崇道教的政策，為道教發展創造良好的環境。但與號召「眾生皆可成佛」的佛教相比，道教講究只有資質、悟性、性情皆為上上之選且福緣深厚者才可成仙，其對普通民眾的吸引力遠遜佛教。故雖然統治者對道教發展積極扶持，但其傳播的廣度和深度都不及佛教。

（二）宋代道教文化在府城地區的落地

　　唐五代時期，府城地區尚未有關於道教宮觀修建的記載。從宋代開始，中央王朝對海南的統治趨於深入，國家崇道法令亦開始影響至海南。宋真宗曾於大中祥符二年（1009）十月下詔，命天下各州縣立天慶觀，每觀給田五至十頃。此詔令一下，海南瓊州、萬安州很快修建了天慶觀。瓊州天慶觀坐落於府城城北一里處，當下府城城北紅城湖路十號旁邊的三清宮中供奉的元始天尊、靈寶天尊、道德天尊石像，便是宋代天慶觀中的三清神像。宋徽宗統治時期，全國掀起一股

98　（宋）王稱：《東都事略》（濟南市：齊魯書社，2000年），頁84。

「神霄」熱潮，徽宗曾下令全國各州、軍、監立萬壽宮，並在宮中臨摹宋徽宗御書的〈神霄玉清萬壽宮詔〉。受其詔令影響，府城地區亦興建了神霄萬壽宮，並立徽宗御書〈神霄玉清萬壽詔石碑〉於府城萬壽宮。顯然，宋中央制定的崇道法令，是對府城道教文化發展產生過切實影響的。

宋代道教文化在府城的傳播不僅體現在道觀的修建上，還體現在道士活動的增多上。南宋名臣李光被秦檜迫害，於紹興十四年（1144）被貶瓊州。在被貶期間，李光常與從湖南來瓊州遊歷的道士潘靜往來。幾年後潘靜離瓊，李光贈詩一首予之，曰：

> 道人南來冒炎酷，雲水生涯寄枯木。嗟予久墮魑魅群，黎唱蠻歌耳根熟。森林迴靜嘯鶹鷃，雨濕天陰聞鬼哭。君來為我一揮手，洗盡胸中塵萬斛。伯牙師涓死已久，此生欲絕君能續。快彈初作鸞鳳鳴，忽聞啼烏集華屋。吟猱抑按神氣閑，流水涓涓赴幽谷。夜深餘回應霜鐘，朝來吟對蕭蕭竹。靜中最喜讀書聲，妙響琅然振寒玉。要知心與古人會，不務新奇誇俚俗。浩歌別我出門去，潮回風便難追逐。道人來時湘水渾，道人歸去湘水綠。湘靈報琴待君來，月明莫向江頭宿。[99]

按湖南道士潘靜在此留居多年，可見此時府城及周邊的道教文化已較為優越，甚至對嶺北道士也有相當大的吸引力。正是因有這種道教文化氛圍的薰陶，才能造就出道教金丹派五祖白玉蟾。

據記載，白玉蟾本名葛長庚，祖籍福建閩清縣。其祖父葛有興在宋高宗紹興年間遷任瓊州教授，遂舉家瓊州。白玉蟾父親去世過早，其母改適白氏，長庚亦改姓氏為白。白玉蟾天資聰穎，七歲便能吟詩

---

99 （宋）；李光：《莊簡集》，《宋集珍本叢刊》第33冊（北京市：線裝書局，2004年），頁721。

作賦、背誦九經。十二歲時開始參加童子試，因屢試不第，遂不復還鄉，跟隨金丹派四祖陳楠學道、雲遊四方。此後，白玉蟾往來羅浮、武夷、龍虎、天臺等道教名山，傳道授教，成為南宋金丹派的實際創始人，被後人尊為南宗五祖。[100]白玉蟾少年時代一直成長於瓊山，其向道之心的堅定，離不開府城道教文化的滋養。

在唐五代時期，府城地區尚未修建道觀，亦未見道士活動之記載。但到宋代，這一情形得到根本改變，不僅官方崇道法令切實在府城地區貫徹落實，海北道士亦常雲遊海南、行止瓊山，且府城本地也有在地方道教文化薰陶下堅心求道者。這一切均表明，宋代道教文化在府城落地的工作已初步完成，道教文化與佛教文化一樣，成為當地信仰文化的重要組成部分。

二　元代道教文化在府城地區的傳播

（一）道教在元代信仰教化體系中的地位

早先，蒙古統治者信奉薩滿教，成吉思汗、窩闊台、蒙哥等幾位早期可汗都是虔誠的薩滿教徒，但他們從不排斥其他信仰。蒙古太祖六年（1211），信奉景教的乃蠻部王子屈出律篡奪西遼政權後，逼迫信奉回教的西遼民眾、軟禁西遼皇帝、殘殺西遼回教首領，引起了西遼民眾的大規模反抗，成吉思汗乘機攻滅西遼。[101]在攻滅西遼時，成吉思汗下令實施宗教信仰自由政策，告誡諸皇子一定要引西遼覆滅為戒。[102]此後，蒙古統治者謹記成吉思汗教誨，一直奉行宗教包容政

100　曾召南：〈白玉蟾生卒及事蹟考略〉，載詹石窗主編：《百年道學精華集成》第3輯〈人物門派〉（上海市：上海科學技術文獻出版社，2018年），頁351-359。

101　黎東方：《細說元朝》（上海市：上海人民出版社，1997年），頁41、69-70。

102　（瑞典）多桑著，馮承鈞譯：《多桑蒙古史》（北京市：中華書局，1962年），頁81、158。

策，道教亦因此有所發展。

　　蒙古太祖十四年成吉思汗率軍征討花剌子模前，曾「自乃蠻命近臣紥巴爾，劉仲祿持詔」，邀請金朝道教全真派領袖丘處機指導國事。[103]當時，金朝、南宋政府亦對其發出邀請，丘處機在複雜的政治、軍事環境下審時度勢，拒絕了金、南宋政府，不遠萬里趕赴大雪山與成吉思汗會面。在面見成吉思汗時，丘處機力勸成吉思汗「當外修陰德，內固精神耳。恤民保眾，使天下懷安」。[104]成吉思汗對丘處機的學識和人格魅力十分賞識，尊稱其為「神仙」，認為丘處機的進言是「天錫仙翁，以寤朕志」，命左右記錄丘處機的言論「以訓諸子」。[105]太祖十八年，成吉思汗下詔蠲免全真教的差役、賦稅，促進了全真教的大規模發展，史載此時「東盡海，南薄漢淮，西北歷廣漠，雖十廬之聚，必有（全真教）香火一席之奉」。[106]

　　自蒙哥和忽必烈主政後，蒙古統治者開始主要信奉佛教。在此之前，全真教在發展過程出現過侵奪佛教寺產、刊印詆毀佛教道經的情況，引起佛教信徒的強烈不滿。加之全真教的迅速發展，在某種程度上對蒙古貴族的統治構成威脅，在蒙哥、忽必烈的主導下，自憲宗五年（1255）至至元十八年（1281）中央先後舉行四次大規模的佛道辯論，這四次辯論均以佛教勝利而告終。此後，佛教成為元朝最主要的宗教，道教的地位略有下降。但元朝統治者依舊謹記成吉思汗教誨，以寬容態度對待道教各派。如，對源於東漢張道陵的道教「正一派」，世祖忽必烈曾於至元十三年召見第三十六代天師張宗演，賜玉芙蓉冠、織無縫金衣，令其主領江南道教，並賜以銀印。元貞元年（1295），三十八代天師張宇材襲掌江南道教，大德元年（1304）加

---

103 《元史》卷202〈釋老傳〉（北京市：中華書局，1976年），頁4524。

104 （金）丘處機著，趙衛東輯校：《丘處機集》（濟南市：齊魯書社，2005年），頁139。

105 《元史》卷202〈釋老傳〉（北京市：中華書局，1976年），頁4525。

106 陳垣：《道家金石略》（北京市：文物出版社，1988年），頁476。

授正一教主，受命主領三山符籙。張宗演應忽必烈召見時，攜其徒張
留孫同往，宗演南歸後，留孫隨侍闕下，被授予「玄教宗師」稱號，
並賜銀印；成宗繼位後，加留孫「玄教大宗師」、同知集賢院道教
事；武宗繼位後，「升『大真人』，知集賢院，位大學士上」；仁宗
時，進開府儀同三司，加號「輔成贊化保運玄教大宗師，刻玉為玄教
大宗師印以賜」。[107]其他道派，如真大道教、太一教等，亦多獲封
賜，賞予優厚。即便是與佛教發生過直接衝突的全真教，也依舊可以
自由傳道，其地位亦較尊崇。

（二）元代道教文化在府城地區的傳播

在宋代，中央政府已下達過督促地方修建道教宮觀的法令，府城
地區因此修建了天慶觀和萬壽宮。按宋真宗詔令，天慶觀應有五至十
頃的觀產，是一座規模很大的宮觀。在元代，天慶觀更名為玄妙觀，
「乃郡祝釐之地，天曆二年，立海南營繕提點所，秩正四品，隸龍翔
總管府，有正一道士百餘員」。[108]為瓊州民眾祈福的「祝釐」儀式在
玄妙觀舉行，可見該宮觀在府城官民心目中享有極其重要的地位。在
元代，江南地區影響最大的道教教派是正一派。正一派與上清派、靈
寶派同屬道教符籙派，三派分別以龍虎山、茅山、閣皂山為本山，均
主要在江南地區傳播。三派本呈鼎立格局，但從北宋中期起，正一派
的規模日益擴大，漸成三山符籙之首。在滅亡南宋以前，元世祖忽必
烈曾效法成吉思汗禮聘丘處機故事，遣秘使探訪正一派第三十五代天
師張可大，卜問天下統一之事。可大回報曰：「後二十年天下當混
一。」[109]由於與元宗室建立聯繫頗早，有元一代，正一派一直享有尊
崇地位，從至元十三年忽必烈敕封可大之子、第三十六代天師張宗演

107　《元史》卷202〈釋老傳〉（北京市：中華書局，1976年），頁4527-4528。
108　正德《瓊臺志》卷27〈寺觀〉（海口市：海南出版社，2006年），頁567。
109　《元史》〈釋老傳〉（北京市：中華書局，1976年），頁4526。

開始，歷代正一天師皆被元政府敕封為「真人」，並命襲掌三山符籙、領江南諸路道教事。因此，正一派在南方道教界影響很大，這也是元代玄妙觀「有正一道士百餘員」的主要原因。

在元代，道教與府城民眾日常信仰生活的聯繫愈發密切。據正德《瓊臺志》，從元代開始，府城當地的民間祠廟開始有每歲「鄉人舁之（境主神神像）出遊許醮，裝軍容，隨者以千計」的儀式。[110]這一儀式一直流傳到今天，被當下的府城民眾稱為公期。每當公期時，當地境主廟頭家都會邀請道士來開道場。在當地道士的觀念中，民間祠廟的主祀、陪祀神祇均在以三清為尊的道教神仙譜系中，只是地位較天神為低。元代公期儀式的出現，是道教與民眾日常信仰生活聯繫密切的明證。因道教與民眾信仰生活聯繫日益緊密，府城民眾對道教著名人士的瞭解也逐漸增強，並構建了一些與地方道教名人有關的傳說。如明代海南著名詩人王佐在〈夜宿止庵詩並序〉中指出：「（白）玉蟾，吾鄉人。少聞諸父兄云，元末父老猶及見其還鄉者，道其事甚詳，此不能悉。」[111]該記載表明，在元代府城父老間流傳著與白玉蟾等地方著名道士有關的傳說，這同樣是道教在府城民眾日常生活中占據重要地位的佐證。

雖總體地位不及佛教，但在元代，道教依舊是一種十分重要的官方信仰教化思想，統治階層對道教普遍持敬奉態度。正因元政府奉行寬容的信仰文化政策，道教在府城的傳播才能一直持續，道教文化與府城民眾信仰生活的聯繫才能愈發緊密。

小結

宋元時期是中原儒釋道文化向海南傳播的第一個重要時期。在宋

---

110 正德《瓊臺志》卷26〈壇廟〉（海口市：海南出版社，2006年），頁540。

111 正德《瓊臺志》卷40〈仙釋〉（海口市：海南出版社，2006年），頁839。

代以前，海南僅有儋州等少數地區有零星的儒教、道教教化實踐記載，佛教對一般民眾的影響也十分有限。至宋元時期，這一情形開始得到根本改變，以地方官學為核心的儒學教育實踐和以州縣社稷壇、城隍廟為核心的儒家祭祀實踐已推廣至海南各州縣，佛教寺廟與道教宮觀也在海南各地普及開來。

　　因自宋開寶四年開始，府城地區一直是海南穩定的政治中心，宋元時期中央政府制定的一系列信仰教化法令在府城地區得到最有力的貫徹。[112] 就儒學教育來看，在宋元時期，府城地區修建了一批以瓊州州學為代表的地方官學，以及以東坡書院為代表的地方私學。這些學校均以儒家四書五經為教材，是傳播儒家教化理念的重要教化空間。就儒家祭祀理念推廣來看，當地官員廣泛參與壇廟祠祀修建的情形已十分普遍，不僅社稷壇、城隍廟等全國通祀祭祀符號在府城地區創建完備，為中央政府提倡的若干祠神廟宇也在府城地區修建起來，見證了這一時期儒家祭祀理念在府城地區傳播的情況。就佛教文化來看，宋元時期府城地區的佛寺興建一直未曾停止，官方主導的大型寺廟與民間力量參與修建的小型寺塔數量均已達一定規模，佛教文化在府城官民的日常信仰生活中已扮演相當重要的角色。就道教文化來看，在中央政令的影響下，府城地區修建了規模較為宏大的道教宮觀，並供奉不少常駐道士。海北道士行止府城、與府城官員交往的事蹟，以及府城當地民眾口中傳揚的有關府城道教名人的故事，均表明在這一時期，道教文化已是府城信仰文化的重要組成部分。總之，經過宋元時期的不斷發展，府城地區已初步建立以儒教為主體、佛道為兩翼的信仰教化格局。從某種程度上看，中原儒釋道文化在府城落地的工作業已完成。

---

112 參見黃秋麗：《瓊山縣在海南歷史上的重要地位及發掘其歷史文化資源的設想》，海南師範大學2013年碩士學位論文，頁47-82。

第四章
明代儒釋道文化在府城地區的繁榮發展

　　洪武元年（1368）六月，明軍進攻海南，前元政權守將陳乾富納土請降，海南島歸入明朝版圖。[1]與宋、元最高統治者將海南視為貶謫罪臣的蠻荒之地不同，明太祖朱元璋十分重視對海南的經略。洪武二年，朱元璋下〈宣諭海南敕〉，云：「蓋聞古先聖王之治天下也，一視同仁，無間遠近，況海南海北之地，自漢以來列為郡縣，習禮義之教化，有華夏之風者乎！……邇者師臨南粵，爾諸州郡不煩於傳檄，奉印來歸，向慕之誠，更可嘉尚。今遣使者往諭朕意，而其益盡乃心，以輯寧其民。爵賞之錫，當有後命。」[2]此敕文表明朱元璋並不因海南經濟文化落後而有所歧視，反而將其視為「習禮義之教化，有華夏之風者」的海濱鄒魯。不久之後，朱元璋又下〈勞海南衛指揮敕〉，云：「南溟之浩瀚中有奇甸，方數千里，歷代安天下之君必遣仁勇者戍守。地居炎方，多熱少寒，時忽瘴雲埋樹，若非仁人君子，豈得而壽耶？今卿等率壯士連歲戍此，朕甚念之，今差某往勞。」[3]朱元璋稱海南為「南溟奇甸」，並對戍守海南的衛所將士親加宣慰，亦表達了他對治理海南的重視。

　　除下達兩封敕令外，朱元璋還根據海南經濟文化發展需要，對海南行政區劃進行切實調整。在明代以前，「歷代的封建統治王朝，對

1　《明史》卷2〈太祖二〉（北京市：中華書局，1974年），頁19-20。

2　乾隆《瓊州府志》卷9〈藝文志〉（海口市：海南出版社，2006年），頁866。

3　乾隆《瓊州府志》卷9〈藝文志〉（海口市：海南出版社，2006年），頁866。

於海南都實行遙控的政策，不是把海南隸屬於廣西中書省，就是把海
南隸屬於湖廣中書省」，海南作為海島，應發展海洋經濟，將海南隸
屬廣西或湖廣都對其經濟發展不利。洪武三年，海南劃歸廣東，「作
為廣東一個地方行政區，使海南的海洋文化與海洋經濟的發展，與廣
東連成一片，而同時又便於對海南政治上的控制、經濟上的管理和文
化上的交融」。[4]與此同時，朱元璋還下達詔令，「升瓊州為府，總領
州三、縣十三」。[5]此次升府，即「府城」之稱謂的由來。相關研究指
出，「瓊州升格為府，成為全島的行政中樞，這是海南政區沿革上的
一件大事」，因為此舉改變了「全島沒有一個統一的治理機構，缺乏
一個首府」的狀態。[6]明王朝的這些舉措，不僅提高了瓊州府城的政
治地位，還提高了整個海南的政治地位，這無疑為明代府城地區儒釋
道文化的蓬勃發展提供良好的政治環境。

第一節　明代儒教文化在海南府城的繁榮發展

一　明代府城地區儒學教育的蓬勃發展

　　明太祖朱元璋十分重視儒教教化的推廣，並以學校為推廣儒教教
化的根本。洪武二年，朱元璋宣諭中書省之興學詔令云：「學校之教，
至元其弊極矣。上下之間，波頹風靡，學校雖設，名存實亡。兵變以
來，人習戰爭，惟知干戈，莫識俎豆。朕惟治國以教化為先，教化以
學校為本。京師雖有太學，而天下學校未興。宜令郡縣皆立學校，延
師儒，授生徒，講論聖道，使人日漸月化，以復先王之舊。」[7]在此

4　周偉民、唐玲玲：《海南通史・明代卷》（北京市：人民出版社，2017年），頁4-5。
5　正德《瓊臺志》卷3〈沿革考〉（海口市：海南出版社，2006年），頁50。
6　司徒尚紀：《海南島歷史上土地開發研究》（海口市：海南出版社，1992年），頁46。
7　《明史》卷69〈選舉志〉（北京市：中華書局，1974年），頁1689。

詔令影響下，全國各地的儒學教育蓬勃發展，「蓋無地而不設之學，無人而不納之教。庠聲序音，重規疊矩，無間於下邑荒徼，山陬海涯。此明代學校之盛，唐、宋以來所不及也。」[8]府城地區雖遠在「海涯」，卻也是「庠聲序音，重規疊矩」，呈現出「學校之盛」的景象。

（一）府城官學教育的繁榮發展

在明代，府城共興建有瓊州府學、瓊山縣學、海南衛學、社學等官辦儒學，它們為儒教教化推廣做出重要貢獻。

1　瓊州府學

明代的瓊州府學即宋元時期的瓊州州學。在宋元時期，瓊州州學是海南辦學條件最好的學校，但在至正十九年（1359）陳子瑚寇城，「焚掠學宮，祭器、經籍毀盡」後，瓊州州學呈荒廢狀態。洪武三年，在中央興學詔令的影響下，「知府宋希顏重建大成殿兩廡、櫺星、戟門、明倫堂、四齋、辟射圃於學之右。區（四）齋曰守中、興仁、恒德、育才。」[9]同年，朝廷規定：「以學田並有司，議存府州縣舊籍儒戶，紓其役，專備修繕。」[10]將府學學田併入有司，收取租賦，供給師生日用，為府學辦學提供經費支援；承認元代「舊籍儒戶」的儒戶地位，免除他們的徭役，可以讓他們專心學習。這些舉措，為瓊州府學發展提供重要的物質保障和制度保障。

有明一代，瓊州府學的辦學規模在不斷擴大，我們可以從「號房」或「號舍」的逐漸增多中管窺一斑。洪武十五年，「丙辰，同知楊啟增置號房」；成化初（1465年或稍晚），「副使唐彬增置號舍」；弘治初（1488年或稍晚），僉事陳英復以副使來按，「增號舍數十間」；

8　《明史》卷69〈選舉志〉（北京市：中華書局，1974年），頁1689。

9　萬曆《瓊州府志》卷6〈學校志〉（海口市：海南出版社，2003年），頁287。

10　萬曆《瓊州府志》卷6〈學校志〉（海口市：海南出版社，2003年），頁287。

正德初（1506年或稍晚），「方守向以學西隙地增號房四十二間」。[11]隨著學員逐漸增多，洪武三年「併入有司」的學田已不足以滿足府學發展的需要，在正德初「增號房四十二間」後，府學發展最大的制約因素已不是「號房」不足，而是學田不夠。正德十六年三月，汪克章「給膳田」；嘉靖三十五年（1556），「推官徐邦佐給書院後田塘並午籬潭、橋田二處」；嘉靖四十一年，「同知楊子克給深潭邁遍田」；隆慶元年（1567），「憲副陳複升給西黎等處田」。由瓊州府學學田增加之經過可知，大概在正德年間，日益擴大的辦學規模引起了經費日篤的問題，正德十六年汪克章的「給膳田」大大振奮了瓊州府學師生的教習熱情，收到「文教大振」的成效。不過，通過對嘉慶、隆慶時期府學學田的不斷增加來看，正德十六年的「給膳田」並未完全解決學田不足的問題。學田面積的增加與「號舍」數量的增加一樣，是瓊州府學辦學規模不斷擴大的明證。[12]

2　瓊山縣學

　　瓊山縣學與瓊州府學一樣，是府城地區重要的官辦儒學。在宋元及明代前期，瓊山縣學一直未有大規模發展，這當與瓊州州學／府學已能滿足當時瓊山縣民眾的求學需要有關。宋代瓊山縣學初建時，位於「衛星城」性質的海口浦，並未建於核心城區。在整個宋元時期，瓊山縣學僅有一次重修記載，表明地方政府對它的重視程度遠不及當時的瓊州州學。

　　在明朝初年，這一情況還在延續。明洪武四年時，知縣李思適將縣學從海口浦遷往府城東北的東坡書院。自此，瓊山縣學開始在核心城區辦學。洪武九年，知縣陳概遷縣學於南郊，後教諭趙謙重修瓊山縣學於巷口。弘治十一年，副使陸淵遷其於瓊州府學之西，自此，瓊

---

11 萬曆《瓊州府志》卷6〈學校志〉（海口市：海南出版社，2003年），頁287。

12 萬曆《瓊州府志》卷6〈學校志〉（海口市：海南出版社，2003年），頁288-290。

山縣學才算是有了穩定的校址。[13]洪武至正德年間是府學辦學規模不斷擴大的時期，大概在這一時期，府城民眾的求學熱情不斷高漲，瓊州府學只有通過不斷擴大辦學規模，才能滿足府城民眾的求學需要。因瓊州府學通過擴大辦學尚能滿足府城民眾的需要，使得這一時期瓊山縣學的地位頗為尷尬，校址屢遷、辦學不穩。正德年間，瓊州府學的土地當已得到充分利用，不能再增加校舍，而瓊境百姓的學習熱情仍在不斷提高，這時已需要瓊山縣學不斷發展，以承擔招收更多生員的使命。自此，瓊山縣學的辦學規模開始不斷擴大。正德初年，縣學「增立號房二十間」；嘉靖三十四年，應教諭陳湯敬之請，瓊山縣學又建「號舍二十間」。[14]這是關於瓊山縣學增建校舍的兩次記載。在增建校舍的同時或稍晚，瓊山縣學的學田也在不斷增加。嘉靖十三年，「訓導符山、李一夔置馬坡那賓田」；嘉靖三十五年，「推官徐邦佐、知縣吳時昭給書院後田塘」；嘉靖三十六年，又為瓊山縣學「置蒼離田，給大小來田及平坡市午離田」；隆慶元年，「憲副陳複生給西黎等處田」；萬曆四十三年（1615），「陳門王氏輸坡寨田」。[15]值得注意的是，瓊山縣學、瓊州府學的學田，有很多是在一起的，如嘉靖三十五年所得學田的田租「與府學均分」，嘉靖三十六年所得學田的田租「與府學分，三分而得一」，隆慶元年所得學田「與府學分，三分而得一」，這無疑彰顯了瓊山縣學的重要地位。[16]

3　海南衛學

　　明代在全國各地設立衛所，在海南設有海南衛，位於府城。早在洪武時期，朝廷即已督促各地修建衛學，以教武官子弟。正統年間，

13　萬曆《瓊州府志》卷6〈學校志〉（海口市：海南出版社，2003年），頁293。
14　萬曆《瓊州府志》卷6〈學校志〉（海口市：海南出版社，2003年），頁293-294。
15　萬曆《瓊州府志》卷6〈學校志〉（海口市：海南出版社，2003年），頁294-295。
16　萬曆《瓊州府志》卷6〈學校志〉（海口市：海南出版社，2003年），頁294。

朝廷規定「都司、衛所應襲子弟年十歲以上者，提學官選送武學就讀，無武學者送衛學或附近儒學」。[17]當時，瓊州府學、瓊山縣學足以滿足海南衛武官子弟的就學需要，故府城一直未建衛學。隨著府城教育的不斷發展，瓊州府學已愈發不能滿足府城民眾的學習需要。弘治年間（1488-1505），不僅瓊山縣學擇選了固定的校址，副使陳英還在海南衛治之東建海南衛學——應襲書館，「設教讀一人，專訓武弁子弟」。[18]衛學的生員均為海南衛武官子弟，相對單一，其規模當不甚大。但與瓊州府學、瓊山縣學一樣，海南衛學享有官辦儒學身分。

4 府城各地興辦的社學

社學是官辦蒙學。明太祖朱元璋認為：「昔成周之世，家有塾，黨有序，故民無不知學，是以教化行而風俗美。今京師及郡縣皆有學，而鄉社之民未見教化，宜令有司更置社學，延師儒以教民間子弟，庶可導民善俗也。」[19]於是洪武八年時，朱元璋「詔天下立社學」。社學主要由州縣官府的學官及鄉紳管理，學校附近墟市的稅收和社學學田租賦是社學經費的最重要來源。關於社學學員的入學年齡，朝廷有明確規定，只有「民間幼童十五以下者」才可入學。[20]入學沒有嚴格限制，使願讀書之人皆有受教機會。正統年間，明政府規定社學生員「許補儒學生員」，此政策大大提高了百姓對幼童蒙學教育的重視。[21]據記載，明成化年間海南共有一七九所社學，府城地區便八十一所，占總數的百分之四十五，足見明代府城儒學教育的發達。

---

17 《明史》卷69〈選舉志〉（北京市：中華書局，1974年），頁1690。

18 萬曆《瓊州府志》卷6〈學校志〉（海口市：海南出版社，2003年），頁313。

19 （明）湛若水：《格物通》卷62〈學校〉，載《文津閣四庫全書》第238冊（北京市：商務印書館，2005年），頁176。

20 《明史》卷69〈選舉志一〉（北京市：中華書局，1974年），頁1690。

21 《明史》卷69〈選舉志一〉（北京市：中華書局，1974年），頁1690。

（二）府城私學教育的發展情況

作為官學教育的重要補充，私學同樣是推動儒教教化理念傳播的重要載體。在明代，府城的私學主要有書院、義學兩種辦學方式。

1　明代修建於府城地區的八所書院

明太祖朱元璋確立了「治國以教化為先，教化以學校為本」的文教政策，大力興辦官學，並規定「科舉必由學校」、「中外文臣皆由科舉而進，非科舉毋得與官」，不僅將科舉考試與官學教育緊密聯繫起來，[22] 還規定全國各地的「書院田皆令入官」[23]。在此背景下，求學士子紛紛趨向官學，地方政府亦高度重視官學建設，導致明朝初年書院教育發展受挫。但後來，隨著科舉體制和官學教育的僵化，士大夫聚眾講學的情況愈發普遍，書院教育再次興盛。

因朝廷規定「書院田皆令入官」，且洪武四年時，瓊山知縣李思適將瓊山縣學由海口浦遷往東坡書院，導致府城最早的書院 ——東坡書院停辦。但據正德《瓊臺志》，天順年間，東坡書院得以恢復，「遷建小西門外街」。成化四年，知府蔡浩復遷其於府治東。東坡書院的恢復，標誌著府城書院講學之風再興。此後，府城地區興建不少書院，如：正統年間，貢士陳文徽在府城東五里建桐墩書院，「會鄉子弟講學」；成化九年，副使塗棐在郡治西創同文書院；丘濬初入仕時〔當是景泰五年（1454）或稍晚〕，在郡城西北隅建奇甸書院，「擇師訓誨鄉子弟，就以家之近院北門市稅供之」；正德年間，主事唐冑在府城東一里建讀書之所，後憲副王叔毅按瓊，易其名為西洲書院；[24]嘉靖三十二年，副使陳茂義在郡治東舊城隍廟基處建祠，「都督蔡經

22　《明史》卷70〈選舉志二〉（北京市：中華書局，1974年），頁1695-1696。

23　參見中華文化通志委員會編：《中華文化通志（晉文化志）》（上海市：上海人民出版社，2010年12月），頁470。

24　正德《瓊臺志》卷17〈書院〉（海口市：海南出版社，2006年），頁392-394。

尋改為書院」，即後來的崇文書院；嘉靖年間，參政鄭廷鵠於博雅都
西湖上建西湖書院；萬曆四十三年，郡守謝繼科于金粟泉上建粟泉書
院，「有書舍十間、講堂一座，買胡大勳田一莊，價銀三十兩，撥許
大沒官田一莊，侯可贊三丘，為諸生肄業會課之資」。[25]

自成化年間東坡書院復辦以後，府城地區很快又興建桐墩書院、
同文書院、奇甸書院、西洲書院、崇文書院、西湖書院、粟泉書院等
一眾書院。這些書院多由當地名士主持修建，辦學品質很高，它們有
力地推動了儒教教化理念在府城地區的傳播。

2　府城地區的義學

義學又稱「義塾」，是古代一種免費供貧民子弟讀書的私塾，其
經費多來源於義學學田的租賦或地方捐助。據記載，明代瓊州府共修
建三所義學，分別是南關精舍、石門義學、敦仁義學。南關精舍創建
於弘治末，位於城內道義衢西，由「鄉士人吳效率勸創建」，用以
「教鄉子弟」；石門義學創建于成化年間，位於瓊山縣大攝都，由貢
士吳旦率建，置有學田「以為供學之貲」；敦仁義學當建於明末萬曆
年間，位於瓊山縣西，由萬歷朝給事中許子偉率建。[26]

義學的教育對象與社學一樣，是十五歲以下的兒童。因為明代府
城的社學十分發達，且地方經濟條件相對較好、民眾生活比較富裕，
以教育貧民子弟為辦學目標之義學的數量並不多。這些義學可視為府
城社學教育的補充。

總體上看，明代是府城儒學教育繁榮發展的時代。無論是以瓊州
府學、瓊山縣學、海南衛學和遍及各鄉的社學為代表的官辦儒學，還
是以書院、義學為代表的私學，都取得了不錯的辦學效果。據學者統

---

25 康熙《瓊山縣誌》卷6〈學校志〉（海口市：海南出版社，2006年康熙二十六年
　　本），頁119。
26 萬曆《瓊州府志》卷6〈學校志〉（海口市：海南出版社，2006年），頁314。

計，明代海南共有進士六十人，其中有三十七人為府城人，占百分之六十一點七（尚不包括海南衛進士）；中鄉舉者五八六人，其中有二四六人為府城人，占百分之四十一（尚不包括海南衛舉人）。[27]進士、舉人是儒生中的精英群體，精英群體數量的提升是儒教文化對府城社會生活影響逐漸深入的縮影。

二　明代府城地區儒家祭祀理念的傳播

從宋代開始，府城地區上升為儒家祭祀文化向海南傳播的前沿陣地，不僅以社稷壇、風師壇、雨師雷師壇、城隍廟為代表的全國通祀祭祀符號很快在府城地區落地，以伏波廟、文昌宮、關王廟為代表的由中央、地方政府認可的「應禮」祠廟也在官方宣導下得以修建。至明代，官方提倡的全國通祀祭祀符號比宋元時期更加豐富，府城地區的「郡邑常祀」、「先正先賢」也在逐漸增多，儒家祭祀文化呈蓬勃發展的態勢。

（一）正德《瓊臺志》、萬曆《瓊州府志》關於府城壇廟記載的區別

正德《瓊臺志》卷二十六〈壇廟〉收錄「壇廟」的原則是：「邦國莫大於祀事，故首列郡邑常祀，而祀典及先賢次之。至於私祀雖多，然亦有死事、禦災之義而不可略。」[28]即正德《瓊臺志》將府城的壇廟劃分為通祀、祀典、先賢、土人私祀四類。其中通祀有社稷壇、風雲雷雨境內山川神壇、城隍廟、郡厲壇、旗纛廟；載於祀典的有景賢祠、靈山祠；被認為是先賢崇祀的有先賢祠（二賢祠）、伏波

---

27 張朔人：《明代海南文化研究》（北京市：社會科學文獻出版社，2013年），頁210、212。

28 正德《瓊臺志》卷26〈壇廟〉（海口市：海南出版社，2006年），頁531。

廟、孝義祠、柔惠宮；被認為是「土人私祀」的有關王廟、江東祠、文昌宮、黑神廟、峻靈行祠等。[29]正德《瓊臺志》由唐冑所做，反映了正德年間之前地方官員、士大夫對府城壇廟祭祀分層的態度。

萬曆《瓊州府志》卷四〈建置志〉〈壇廟〉收錄「壇廟」的原則是：「邦國之有祀事，重矣。故郡邑首列常祀，而先正先賢或以勞定國，以死勤事，以法施於民者，祀亦次之，所以昭崇報也。至於上下神祇，私祀雖多，要皆關係民風，非淫祀也。合錄紀之，以備考覽云。」[30]萬曆《瓊州府志》並未明確指出哪些壇廟屬於「常祀」，哪些屬於「先正先賢」，哪些屬於「私祀」，但通過記載次序，我們還是可以進行大致歸類。萬曆《瓊州府志》最先記載的壇廟有社稷壇、風雲雷雨山川神壇、城隍廟、郡厲壇、旗纛廟、颶風祠、關王廟、天妃廟、靈山祠，這些壇廟當屬於「常祀」系統。在「常祀」系統之下，是四賢祠、景賢祠、海公祠等十餘座紀念性祠廟，這些紀念性祠廟當屬「先正先賢」系統。在「先正先賢」系統之下的，是玄壇廟等一眾祠廟，它們應屬「私祀」系統。[31]萬曆《瓊州府志》中的記載，反映了明中後期府城官員、士大夫對地方壇廟祭祀分層的態度。

明朝初年，中央政府明確了國家祀典的祭祀原則，即嚴格按照儒家祭法：「能禦大災則祀之，能捍大患則祀之，是皆有功烈於民者也。及夫日月星辰，民所瞻仰，山林川谷丘陵，民所取財用，非此族也，不在祀典。歷代以來，凡聖帝明王，忠臣烈士，與夫嶽鎮海瀆，天下山川，可以立名節，禦災患，而有功於人者，莫不載之祀典。然其有廟於京師，著靈於國家者，則又在所先焉。若國朝之蔣廟及歷代功臣等廟，皆遣使降香，特令應天府官代祀。其稱號神，止從其當時

---

29 正德《瓊臺志》卷26〈壇廟〉（海口市：海南出版社，2006年），頁531-541。
30 萬曆《瓊州府志》卷4〈建置志〉〈壇廟〉（海口市：海南出版社，2006年），頁163。
31 萬曆《瓊州府志》卷4〈建置志〉〈壇廟〉（海口市：海南出版社，2006年），頁163-172。

所封之爵。凡前代加封，悉皆去之。」[32]在此背景下，一大批「前代加封」的神祇被剝奪封號，失去官方身分。是以在明朝初年的地方士人看來，宋元時期地方官員主導修建的若干祠廟，如關王廟、文昌宮等並不是國家祀典，而是「土人私祀」。但實際上，正德《瓊臺志》的認定標準過於嚴苛，即便革去前代封號，以忠勇著稱的關羽依舊是「漢壽亭侯」，是以在萬曆《瓊州府志》中，關王廟、天妃廟均被認定為「祀典」。實際上入明以來，關王廟、天妃廟一直得到地方官員的維護，即便在南京、北京等帝都城市，關王廟、天妃廟也是享有國祀的正神，正德《瓊臺志》將其歸入「土人私祀」實有不妥。

　　此外，正德《瓊臺志》和萬曆《瓊州府志》記載的另一個最大不同，是對「先正先賢」的認定。孝義祠、柔惠宮等被正德《瓊臺志》視為供奉「先賢」的紀念性祠廟，而萬曆《瓊州府志》則將其視為「私祀」。究竟哪一項記載更符合史實？孝義祠位於府城東南頓林都博沖村，供奉的是元代府城本地人王紹。正德《瓊臺志》記載了王紹事蹟：「王紹瓊山北（博）沖人。元初寇亂，紹父為義兵，歿於陣。紹方弱冠，手持刀斧，奮勇赴難，竟以身殉之。」[33]王紹「殉之」後，鄉人為其立廟，廟名為「南天廟」。從廟名推測，該廟應是土人私祀。明代，府城地方社會的儒教教化氛圍十分濃厚，王紹為父殉難的事蹟符合儒家「孝」文化的教化需要，於是教諭葉茂將「南天廟」更名為「孝義祠」。[34]在當地士大夫眼中，王紹是「孝」字當先的地方先賢，但在博沖村鄉民看來，王紹是保佑他們日常生活的境主神，故在現實生活中，博沖村供奉的王紹應屬「土人私祀」系統，萬曆《瓊州府志》的記載更符合事實。柔惠宮的情形與此類似。柔惠宮位於府城西南大西門內，唐冑認為它是「誠敬夫人馮冼氏行祠也」，地方官

32　（明）徐一夔等：《明集禮》卷15〈祀典神祇〉，明嘉靖間內府刊本，頁36-37。

33　正德《瓊臺志》卷36〈孝友〉（海口市：海南出版社，2006年），頁747。

34　正德《瓊臺志》卷26〈壇廟〉（海口市：海南出版社，2006年），頁536。

員也曾參與柔惠宮祠廟的維護。[35]雖然地方官員很想利用冼夫人的忠君愛民形象推廣儒教教化，但實際上，該祠廟是「鄉人自蒼興陳村移立」，同樣扮演著大西門內大街境主神的角色，應將其歸入「土人私祀」系統，萬曆《瓊州府志》的記載更符合事實。

總體上看，萬曆《瓊州府志》對府城壇廟分層的記載，與府城官民祭祀生活的實際情況更為契合。其中，「常祀」和「先正先賢」系統的壇廟及紀念性祠廟，均可視為傳播儒家祭祀文化的教化空間。

（二）明代儒家祭祀文化發展的特點

與宋元時期相比，明代府城地區的儒家祭祀文化呈現若干新特點，主要表現為：

其一，明代府城地區的通祀壇廟與宋元時期相比有較大不同。在宋元時期，地方風師壇位於社稷壇之東，雨師雷師壇位於社稷壇之西。明代，中央政府規定將風雲雷雨境內山川神合祀於一壇，稱風雲雷雨境內山川壇。其演變軌跡為：明太祖洪武初年，「增雲師於風師之次」，祭祀雲師之禮自此始。[36]與此同時，朝廷規定各府州縣立境內山川壇，府城地區於洪武二年「始立山川壇于城南高阜二里那梅都」。洪武六年時，朝廷「詔以風雲雷師合祭，配以本府城隍，於是罷西南之壇，而合於山川」，此為府城風雲雷雨境內山川壇之由來。[37]據《大明會典》，明代各府、州、縣的風雲雷雨、山川、城隍神的祭祀儀式同時舉行，「春秋仲月上旬擇日同壇祭，設三神位，風雲雷雨居中，山川居左，城隍居右」。風雲雷雨神屬於天神，地位最高，神位居中，祭品用帛四；山川神屬地祇，地位稍遜，神位居左，祭品用帛二；城隍神屬人鬼，地位低於天神、地祇，神位居右，祭品用帛

---

35 正德《瓊臺志》卷26〈壇廟〉（海口市：海南出版社，2006年），頁536。

36 《明史》卷49〈禮志三〉（北京市：中華書局，1974年），頁1282。

37 正德《瓊臺志》卷26〈壇廟〉（海口市：海南出版社，2006年），頁531。

一。[38]可見在明代，風雲雷雨等神祇的地位較宋元時期有較大程度的提升。

　　除風師壇、雨師雷師壇逐漸演變為風雲雷雨境內山川神壇外，壇壝祭祀系統的另一個重要變化是增加了郡厲壇。厲壇之「厲」指「厲鬼」，即「鬼神無祀者」。古人認為人死為鬼，「鬼有所依，乃不為厲」，但若「無所依」，便會化身厲鬼。祭厲是一種古老的信仰儀式，既表達了對死者的撫恤，又體現出對生者的慰藉。據《禮記》〈祭法〉，在先秦時期，上自天子、下至卿大夫皆立厲壇。鄭玄在為〈士喪禮〉作注時，亦有「漢時民間皆秋祠厲」之說，可知秦漢時期厲壇的設置十分普遍。但自魏晉以降，祭厲儀式「皆不舉行」。明太祖洪武三年，朝廷規定京都祭泰厲、王國祭國厲、府州祭郡厲、縣祭邑厲、里社祭鄉厲，恢復了祭厲習俗。泰厲、國厲、郡厲、邑厲壇皆設於城北，均祭於清明日及十月朔日。後朝廷又規定郡厲、邑厲、鄉厲以清明日、七月望日、十月朔日為行儀日。[39]在朝廷下達督促地方政府創置厲壇的洪武三年，瓊州知府宋希顏於府城東北一里建郡厲壇，祭儀一如祀典之規定。[40]

　　除郡厲壇外，明代府城衛治左新修的旗纛廟，也是新增加的通祀祭祀符號。據《明史》〈禮志四〉，明代京都祭祀旗纛主要通過以下四種形式。其一，於京師都督府治之後，由都督主祭。洪武元年有禮官奏請於軍中祭旗纛，太祖准其奏，「乃命建廟於都督府治之後，以都

---

38 《大明會典》卷94「風雲雷雨山川城隍之神條」有載：「凡各布政司、府、州、縣，春秋仲月上旬擇日同壇祭，設三神位，風雲雷雨居中，山川居左，城隍居右。風雲雷雨帛四，山川帛二，城隍帛一，俱白色。附廓州、縣官，止隨班行禮，不必別祭。其祭物、祭器、獻官及齋戒、省牲、陳設、正祭、迎神，並與社稷禮同。」參見（明）申行時等修，（明）趙用賢等纂：《大明會典》卷94〈禮部五十二〉，載《續修四庫全書》第790冊（上海市：上海古籍出版社，1995年版），頁633。

39 《明史》卷50〈禮制四〉（北京市：中華書局，1974年），頁1311。

40 正德《瓊臺志》卷26〈壇廟〉（海口市：海南出版社，2006年），頁532。

督為初獻官，題主曰軍牙（牙旗）之神、六纛之神」，每年春季驚蟄日、秋季霜降日遣官致祭。洪武七年時，朱元璋曾命皇太子率諸王詣演武場祭旗纛，「為壇七，行三獻禮」。後來，朝廷規定「停春祭，止霜降日祭於校場」。其二，歲暮享太廟日，於承天門外祭旗纛。其三，在山川壇左祭旗纛。洪武初，旗纛與太歲諸神合祭於城南。洪武九年，別為旗纛建廟。每年仲秋皇帝祭祀山川時，派遣旗手衛官行祭祀禮。其四，永樂以後，「有神旗之祭，專祭火雷之神。每月朔望，神機營提督官祭于校場。牲用少牢」。除京師祭旗纛外，明中央還規定了地方祭祀旗纛的儀式：「王國祭旗纛，則遣武官戎服行禮。天下衛所於公署後立廟，以指揮使為初獻官，僚屬為亞獻、終獻。儀物殺京師」。[41] 據正德《瓊臺志》，府城地區的旗纛廟建於衛治左，「每歲霜降日，衛官致祭，用羊一、豕一、帛一」。[42] 雖然旗纛廟是明代的地方常祀，但由於該祠廟位於衛所，且祭祀實踐的主要參與者是衛所兵將，與普通民眾互動較少，所以旗纛廟與府城民眾日常生活的關係並不密切。

其二，在正德以降請立生祠風氣遍行全國的大背景下，府城地區也出現了為官員立生祠的現象。生祠是中國古代為紀念有功德的官員，在其生前所立的紀念性祠廟，其起源可追溯至先秦時期。相傳周武王時召公為西伯，行政於南國、決訟於甘棠樹下。南國民眾感戴召公恩德，敬奉召公決訟處的甘棠樹，作詩頌美（即《詩經》〈甘棠〉），故後人有讀〈甘棠〉「而知後世生祠之所以作也」之說，並將請建生祠比為「致甘棠之思」。[43] 為防止為官者邀譽地方及地方官民諂媚權威，《大明律》從一開始便規定：「凡現任官實無政績，輒自立碑

---

41 《明史》卷50〈禮制四〉（北京市：中華書局，1974年），頁1301-1302。

42 正德《瓊臺志》卷26〈壇廟〉，（海口市：海南出版社，2006年），頁532。

43 參見趙克生：〈明代生祠現象探析〉，載王雪萍主編：《傳統與現代：中國歷史學研究十年》（哈爾濱市：黑龍江大學出版社，2011年），頁251。

建祠者，杖一百。若遣人妄稱己善、申請於上者，杖八十，受遣之人各減一等。」[44]表明明政府起初並不贊同請立生祠。但值得注意的是，禁令僅限定「現任官」，倘若官員因升調、丁艱離任，朝廷並不限定地方官民為其陳請立生祠。此外，「實無政績」是一個比較寬泛的概念，缺乏嚴格的量化標準，當地方官民的呈詞足以顯示為官者的政績時，為官員立生祠便成為合理之事，故《大明律》的規定並不能杜絕明代生祠之設。有明一代，全國各地所立生祠眾多，在正德、嘉靖年間呈現出普遍化的趨勢。嘉靖九年時，巡按山東的監察御史熊榮上奏：「近年以來，有等在官奸民，專一阿奉鎮巡司、府、州、縣等官，不問賢否，一概蓋立生祠堂、去思碑亭。」[45]萬曆年間，官員丁元薦曾論明代地方生祠普設曰：「今之為司牧者，何人不祠？何祠不去思其碑哉？」[46]熊榮、丁元薦的言論揭露了明中後期地方社會生祠普設的現象。

　　府城地區在明代共修兩座生祠，分別是軍門戴公生祠和院道蔡公生祠。我們可以從副使戴熺的〈院道梅岩蔡公生祠記〉中，管窺府城官民請立生祠的景況：

> 梅岩蔡公以直指使者飛航按瓊，法墨摧暴，銷叛均徭，所為瓊人畫百世之利者難以枚舉。北渡之日，瓊人扶攜攀轅，至車枳而不得前，且勒瑉以志遺思雲。後十九年，以觀察使者督學治兵於瓊，豐功渥澤如直指時。及遷秩行，瓊人扶攜攀轅亦如直指時。又八年，同郡戴子熺承乏是邦，瓊人爭擁車前，問公安

44　《大明律》卷12〈現任官輒自立碑〉，載《續修四庫全書》第862冊（上海市：上海古籍出版社，1995年版），頁492。

45　（明）俞汝楫：《禮部志稿》卷6〈祀典之訓〉，載《文津閣四庫全書》第198冊（北京市：商務印書館，2005年），頁30。

46　（明）丁元薦：《尊拙堂文集》卷5〈重修吳興郡候陳公筠塘生祠碑記〉，載《四庫全書存目叢書》集部第171冊（濟南市：齊魯書社，1997年），頁17。

否，無不悲喜交橫者。已而聚族立祠，得地北郊之遠，文武將
吏相與捐貲，鳩工庀材。郡守歐陽君璨、丞李君鳴陽祗董厥
事，未兩月而工告竣，既堂既寢，罔不具飭。參戎何君斌臣、
別駕佴君夢騙、萬守林君廷蘭、指揮崔宗蔭等若而人，又為買
田若干畝充春秋祀費。造請于戴子熹曰：「子之鄉幸而有蔡
公，蔡公之祠又幸而及子之在是邦。春秋俎豆，能無辭以志遺
思？」余自惟材最駑下，慚負後塵，然而公之芳規在焉，惟畫
一守之，余焉敢辭？……而其最感人而動人思者，則莫如散澳
黨一事。當李、陳二酋結夥鋪前，陽聽縣官招撫，而陰懷異
志，動聯百艘，稱戈吞噬，有司徨盼莫敢問，岌岌乎如臃毒滿
絮，旦夕且潰。公至，檄二酋至庭，示以大義，諭以禍福，二
酋相對泣下，歸傳諸黨，數日悉解散去，海氛頓清。迄今三十
餘年，瓊人談之，無不諮嗟感歎。壯夫聞之心傾神越，弱夫聞
之亦且毛竦骨豎、舌撟而久不收也。然則瓊人之所以久而思，
思而祀也，豈以材名致者哉？公之正氣彌宇宙，故能使將吏傾
附，紳韋承風，田唆舞潤，而德久彌渥，功久彌彰，恩久彌
新。公之正氣不可貞圜，故一忤總憲，再忤政府，三忤功司，
持憲中外者什二，怡情泉石者什八，然至談天下英偉豪傑，必
為公首屈一指。總制許公、直指王公心好之，不啻口出，豈非
同氣之求而好爵之縻也哉？今聖主思用者舊，且倚公為社稷
臣，公且以計安瓊海者，計安社稷，名世勳猷，獎勵鼎勒之，
焙敬拭目以俟。」瓊人曰：「善！」趣登石。[47]

通過該記文之記載可知，生祠設立是一項地方官民廣泛參與的公
共工程。在設立生祠時，會對為官者的明政善績進行一次大規模的宣

---

47 萬曆《瓊州府志》卷4〈建置志〉〈壇廟〉（海口市：海南出版社，2003年），頁837-
839。

傳，這種宣傳具有一定的輿論導向意義。

其三，隨著儒家祭祀文化的發展，府城地區出現了大量紀念先正先賢的紀念性祠廟。關於紀念先正先賢之紀念性祠廟與供奉神祇之一般祠廟（亦可稱為「神異性祠廟」）的區別，皮慶生在《宋代民眾祠神信仰研究》一書中有比較細緻的闡述：「這種紀念性的建築物或建築場所由於缺少吸引信眾的必要神異性，對民眾的影響主要不在信仰方面，其教化象徵意義更強。」[48]確如其所言，中國古代幾乎所有的紀念性祠廟都是供奉符合儒家教化理念的先正先賢，它們的社會功能主要體現在「教化象徵意義」層面。

唐冑的正德《瓊臺志》認為，正德年間，府城地區共有先賢祠、伏波廟、孝義祠、柔惠宮四座紀念性祠廟。但據宋元以來地方官民渡海時祈求二伏波將軍獲佑的記載可知，伏波廟中供奉的馬援、路博多雖是先正先賢，但該祠廟並非紀念性祠廟，而是神異性祠廟。前文亦指出，郡東南博沖村的境主廟，即本名南天廟的孝義祠是神異性祠廟，郡西門內大街的境主廟柔惠宮亦是神異性祠廟。顯然，正德《瓊臺志》「先賢」系統中，僅先賢祠是紀念性祠廟。先賢祠又名二賢祠，其修建是為紀念明洪武年間以戶部主事知瓊州的王泰，以及宣德年間以戶部郎中奉敕知瓊州的徐鑒。兩位官員知瓊州期間皆「有遺愛」，受到地方官民的愛戴、尊崇。除先賢祠外，正德《瓊臺志》「祀典」系統中的景賢祠，實際上也是紀念性祠廟。景賢祠於正德十年敕建、賜額，最初僅祀蘇軾，後禮部尚書劉春「以文莊（丘濬）有著述翼世功，始奏請建祠合祀」。紀念性祠廟的修建，不僅可以「表彰於既往」，還可以「激勵於將來」，是十分重要的儒教教化空間。[49]

正德以降，隨著儒家教化理念的普及，府城地區興起了一個修建紀念性祠廟的高潮。前文供祀王泰、徐鑒的二賢祠，此時又增祀府憲

48　皮慶生：《宋代民眾祠神信仰研究》（上海市：上海古籍出版社，2008年），頁4。
49　正德《瓊臺志》卷26〈壇廟〉（海口市：海南出版社，2006年），頁532-533。

副遊公和瓊州知府張子弘，因而更名為「四賢祠」。該紀念性祠廟「每歲後丁祭」，地位已不亞於景賢祠。此外，府城地區還新增海公祠（祀海瑞）、敬事堂（祀丘濬、海瑞）、漢二伏波祠（祀馬援、路博德）、宋二蘇公祠（祀蘇軾、蘇轍）、文昌祠〔祀文昌帝君並朱（朱熹）、呂（呂祖謙）二公〕、太守李公祠、謝公祠（祀知府謝繼科）、都督鄧公祠、忠勇祠等九座紀念性祠廟，加上前文述及的軍門戴公生祠和院道蔡公生祠，正德以降府城地區共新增十一座紀念性祠廟，這是一個相當龐大的數字。紀念性祠廟的大量修建是明代府城儒家祭祀文化繁榮發展的有力佐證。

第二節 明代佛教文化在海南府城的曲折發展

一 朱元璋對佛教的態度與明中前期府城地區的佛寺歸併

在儒釋道三教中，明太祖朱元璋最推崇的是儒教，他曾撰〈釋道論〉對儒釋道三教進行對比：「假如三教，惟儒者凡有國家不可無。夫子生於周，立綱常而治禮樂，助國家宏休，文廟祀焉。祀而有期，除儒官叩仰，愚民未知所從，夫子之奇，至於如此。釋迦與老子雖玄奇過萬世，時人未知其的，每所化處，宮室殿閣，與國相齊，人民焚香叩禱，無時不至。二教初顯化時，所求必應，飛悟有之。於是乎感動化外蠻夷。及中國假處山藪之愚民，未知國法，先知慮生死之罪，以至於善者多而惡者少，暗理王綱，於國有補無虧，誰能知識？凡國家常則吉，泥則誤國甚焉。本非實相，妄求其真，禍生有日矣。惟常至吉。」[50]在朱元璋看來，儒釋道三教中「惟儒者凡有國家不可無」，是治國理政之本。與此同時，朱元璋還認識到，儒教存在「祀而有

---

50 （明）朱元璋撰，胡士萼點較：《明太祖集》（合肥市：黃山書社，1991年），頁245。

期，除儒官叩仰，愚民未知所從」的問題，即一般情況下，只有憑藉
儒教學說安身立命的儒官能做到對儒家祠祀「祀而有期」，一般「愚
民」時常對儒教「未知所崇」。對於這類「未知國法」的愚民，難以
憑藉綱常倫理說教，但可以利用他們「慮生死之罪」的性格特點，用
佛教、道教勸人行善的教條加以勸化，這有助於使「愚民」群體「善
者多而惡者少」。如此一來，佛教、道教便有了「暗理王綱，於國有
補無虧」的積極功能。

　　朱元璋在認識到佛教「暗理王綱，於國有補無虧」之積極功能的
同時，還指出佛教本身存在「本非實相，妄求其真，禍生有日矣」的
消極功能，於是對佛教採取既利用又整頓的方針。洪武時期是明代僧
官制度逐漸完善的時期，洪武元年諸制草創，僅於禮部設善世院，以
僧慧曇領全國釋教事。[51]由於全國寺觀、僧尼數量眾多，單靠善世院
不能妥善管理，洪武十二年時，禮部提出設立僧道衙門的建議：「照
得釋道二教流傳已久，歷代以來皆設官以領之，天下寺觀僧道數多，
未有總數。爰稽宋制，設置僧道衙門，以掌其事，務在恪守戒律以明
教法。」[52]朱元璋也認識到全國僧道官系統不夠完備，於洪武十五年
下令革除善世院，置僧錄司管理全國佛教事務。僧錄司是正六品衙
門，其官員有「左右善世二人，正六品；左右闡教二人，從六品；左
右講經二人，正八品；左右覺義二人，從八品」，人員相對完備。在
地方上，府設僧綱司「掌本府僧教」，置「都綱一人，從九品；副綱
一人，未入流」；州設僧正司，有僧正一人，未入流；縣設僧會司，
置僧會一人，亦未入流。同時，明太祖規定，從僧錄司核實天下寺
廟、僧尼名數，登記在冊。如寺廟住持有缺，從僧官舉有戒行、通經

---

51 （明）王圻撰：《續文獻通考》卷91〈職官考〉，載《續修四庫全書》第763冊（上
　　海市：上海古籍出版社，1995年），頁530。

52 （明）釋大聞輯：《釋鑑稽古略續集》卷2，載《續修四庫全書》第1288冊（上海
　　市：上海古籍出版社，1995年），頁24。

典之高僧送僧錄司，考中後才能「具申禮部奏聞方許」。如果地方僧
人未有度牒，「亦從本司官申送，如前考試，禮部類奏出給」。朝廷設
置僧錄司乃為專一檢束天下僧尼，令其「恪守戒律清規」。[53]僧錄司設
置後，明朝將全國佛教納入行政管理系統。據正德《瓊臺志》，瓊州
府僧綱司設置於洪武十六年，「在府城外東北隅天寧寺中」，其官員之
設一如明中央之規定。[54]

　　元代帝王重視佛教，給予僧侶諸多特權，使得中央、地方佛寺濫
建，虛耗大量國家經費。[55]朱元璋統治時期力革此弊，歸併大量寺
院。洪武二十四年（1391）六月初一日，朱元璋特發《申明佛教榜
冊》，指出當時的佛教界存在「天下之僧，多與俗混淆，尤不如俗甚
多，是等其教而敗其行」的問題，朝廷決定「清其事而成其宗」，使
「禪者禪，講者講，瑜伽者瑜伽，各承宗派，集眾為寺」。[56]同年七月
初一日，在「集眾為寺」理念的指導下，朝廷下達歸併僧寺的法令：
「本部官於奉天門欽奉聖旨：『恁禮部出批，著落僧錄司差僧人將榜
文去，清理天下僧寺。凡僧人不許與民間雜處，務要三十人以上聚成
一寺，二十人以下者，聽令歸併成寺。其原非寺額，創立庵堂寺院名
色，並行革除。欽此。』本部當差僧人善思等五名，賫榜前去各布政
司，清理僧人，歸併成寺，仰各處僧寺遵守。」[57]該法令下達後，全
國各地掀起了一個歸併寺庵的高潮。就府城地區來看，位於府城城北
七里海口都的天明堂「葵酉（洪武二十六年），有例歸併，遂遷堂宇

---

53 樂貴明編：《姚廣孝集》（北京市：商務印書館，2016年），頁1719。

54 正德《瓊臺志》卷13〈公署〉（海口市：海南出版社，2006年），頁302。

55 元人張養浩的《歸田類稿》有「國家經費，三分為率，僧居二焉」之說（參見張養
　浩：《歸田類稿》卷2〈阿尼哥神道碑〉，載《文津閣四庫全書》第398冊（北京市：
　商務印書館，2005年），頁400。

56 任繼愈主編、杜繼文分典主編：《中華大典》〈宗教典〉〈佛教分典〉（石家莊市：河
　北人民出版社，2016年），頁973。

57 任繼愈主編、杜繼文分典主編：《中華大典》〈宗教典〉〈佛教分典〉（石家莊市：河
　北人民出版社，2016年），頁974。

及佛像於天寧寺」，在道右及郡東三十里小林都的兩處觀音堂「洪武
癸酉有例歸併庵宇而廢，佛像俱遷天寧寺」，這些佛寺的廢毀皆與朱
元璋頒布的法令有關。除此之外，府城地區還有很多未明確記載廢毀
時間的寺庵，如修建於宋代的開元寺、水月堂，修建於元代修建的普
明寺、壽佛堂，位於海口都的普庵堂和位於郡城東水關上的普庵堂等
均只是籠統記載「後廢」，這些寺廟之「廢」亦極可能緣於洪武年間
朱元璋頒布的歸併寺庵法令。[58]

　　此時，天寧寺當是府城地區唯一一座得到較大程度發展的寺廟。
天寧寺本就是府城地區一座規模較大的寺院，洪武二十六年時，僧錄
司決定將府城地區的寺庵歸併入天寧寺，因而又「建兩廊、普庵、六
祖講堂」，天寧寺得到一次大規模擴建。洪武三十年，「指揮桑昭捐財
重建二殿三門」，用以安置「系各處歸併」的佛像。永樂年間，瓊州
知府王修扁其門曰「海南第一禪林」，成為官方認可的海南首剎。正
統六年時，文昌縣鄉老韓真祐「捐財重建正殿」。正統八年，瓊州知
府程瑩「又辟地遷其構於後，為觀音閣，於址建大雄寶殿暨諸樓閣法
藏，齋堂僧舍咸備」。成化年間，府城都綱普明「重建二堂及外門」。
正德十二年秋，尼善慧捐其積財「重建觀音閣，及修正殿、普庵堂、
四天王等宇」。萬曆六年，瓊州知府唐可封在正殿後建萬壽亭。萬曆
三十三年萬壽亭因地震傾圮，瓊州知府翁汝遇出資重建，僧普宥「護
印募修正殿」。可見明初歸併寺院的詔令不僅沒有阻礙天寧寺發展，
反而促使天寧寺規模不斷擴大。[59]有明一代，地方官員、鄉民及僧侶
對天寕寺維護不斷，天寧寺已是名副其實的「海南第一禪林」。

58　正德《瓊臺志》卷27〈寺觀〉（海口市：海南出版社，2006年），頁562-566。
59　萬曆《瓊州府志》卷4〈建置〉〈寺觀〉（海口市：海南出版社，2003年），頁173。

二　晚明佛教政策轉變與府城佛教的繁榮發展

　　朱元璋曾指出:「(佛教)其所修也,本苦空,甘寂寞,去諸相欲,必欲精一己之英靈。」[60]顯然,曾有過出家經歷的朱元璋對佛教僧尼應如何修持十分明瞭。但需要指出的是,僧尼群體中不乏假借佛門說教追求世俗利益的俗流和尚,他們「乃構淫佚,敗常亂俗」,利用「愚民」的無知招搖撞騙。[61]朱元璋制定的一系列佛教管控政策,對提高明初僧尼群體素質是有利的,明代府城地區的官方寺院——天寧寺有田三十六丁,也是足以滿足這批追求西天極樂之僧尼群體的需要的。但需要指出的是,作為一個普世特徵極強的宗教,佛教信徒中有不少人是普通百姓,他們並無「本苦空,甘寂寞,去諸相欲,必欲精一己之英靈」的覺悟,且不喜此類說教,這類人燒香拜佛的目的是世俗利益。這樣一來,官方寺廟中的「去諸相欲」說教便很難滿足一般信眾的需要,故明初制定的歸併佛寺政策雖然得到較好貫徹,但只要一有機會,地方官民仍會嘗試新建寺廟。

　　據正德《瓊臺志》,明成祖永樂年間,指揮楊義委託楊岱宗於道右觀音堂閣舊基江東祠(該觀音閣歸併後,官民於舊基處建江東祠)後「募建後堂,仍祀觀音」,此做法顯然違背了洪武二十四年制定的精簡天下寺院的法令。據記載,明成祖於永樂十五年潤五月曾再次下達禁建寺院的詔令:「上以洪武年間天下寺院皆已歸併,近有不務祖風者仍於僻處私建庵院。僧尼混處,屢犯憲章。乃命禮部榜示天下,俾守清規,違者必誅。」[62]禁令再下一事表明,像楊義、楊岱宗復建

---

60 任繼愈主編、杜繼文分典主編:《中華大典》〈宗教典〉〈佛教分典〉(石家莊市:河北人民出版社,2016年),頁973。

61 任繼愈主編、杜繼文分典主編:《中華大典》〈宗教典〉〈佛教分典〉(石家莊市:河北人民出版社,2016年),頁974。

62 (明)俞汝楫:《禮部志稿》卷89〈榜示僧尼禁〉,載《文津閣四庫全書》第198冊(北京市:商務印書館,2005年),頁540。

觀音閣這樣違反佛寺興建禁令的行為已相當普遍。據萬曆《瓊州府志》，明代晚期觀音閣已不存在，它的再次廢棄，當與此後某次中央對佛寺禁令的重申有關。[63]另，明英宗正統年間，瓊州知府程瑩曾「逐尼罷庵（彌陀堂），田給里戶耕納」，此彌陀堂當為違反禁令復建者。代宗景泰年間「鄉人私招尼歸復」，又公然違抗禁令。正德年間，僉憲汪克章再次禁毀，以彌陀堂為社學，鄉人所捐新田「又撥供府縣二學」。[64]至此，位於府城城東二里處的彌陀堂才算徹底廢棄。明朝初年，位於府城東水關上的老佛廟曾一度復建，但據萬曆《瓊州府志》，明末此老佛廟業已荒廢，其荒廢原因當與楊義、楊岱宗重建之觀音閣荒廢一樣。正德年間，海口城南內有鄉人私建之觀音堂，但據萬曆《瓊州府志》，位於海口所南門內的觀音庵乃「萬曆年間鄉人募緣修建」，表明在萬曆朝以前，海口所城南處的觀音堂亦曾一度被廢。[65]明代府城地區一眾寺廟的廢而復興、興而復廢表明，明中央管束佛教、欲使佛教僧尼嚴格按照佛教教義修持佛法的法令，與一般民眾的奉佛需求並不契合，故只要條件許可，府城地區一定會再次興起興建佛寺的風氣。

　　萬曆皇帝繼位以後，因皇太后及萬曆皇帝本人均喜好佛教，當時皇家動用大量內帑，在全國各地興建大量寺院。明初制定的佛寺興建禁令，實際上被皇帝、皇太后帶頭破壞。[66]此後，在府城官民的積極參與下，府城地區興起了一個興建佛寺的浪潮。

---

63 關於明成祖以降明代帝王對朱元璋禁令的重申，參見趙秩峰：《明代國家宗教管理制度與政策研究》（北京市：中國社會科學出版社，2008年），頁147-160。

64 正德《瓊臺志》卷27〈寺觀〉（海口市：海南出版社，2006年），頁564。

65 萬曆：《瓊州府志》卷4〈建置志〉〈壇廟〉（海口市：海南出版社，2003年），頁174。

66 趙秩峰：《明代國家宗教管理制度與政策研究》（北京市：中國社會科學出版社，2008年），頁160-164。

明末（萬曆、崇禎朝）府城地區佛寺興建一覽表

名稱	位置	相關情況
地藏宮	城外北一里天甯寺左	萬曆三十四年，尚書王弘誨同鄉人募創，有兩廊、築十王殿。僧明悟住持修齋。
白衣庵	城北海口官路五里清惠亭側	萬曆三十六年，瓊州知府倪棟建清惠亭，鄉人於此募建寺庵
彌陀庵	在城北三元宮右	萬曆四十一年舉人張希堯同鄉人圓清募建
金粟庵	在城北金粟泉上	萬曆四十三年瓊州知府謝繼科創，以祀金粟如來觀音，謝繼科等地方官員、鄉紳捐贈大量香火田
明善庵	在城北三元宮右	萬曆四十三年，府城鄉民唐昌、蕭珍等募建，僧決明住持
海口觀音庵	在海口所南門內	萬曆年間鄉人募緣修建
明昌塔	郡城三里許下窯村前	萬曆年間，知府塗文奎、給事許子偉及鄉士夫協議創建，有七級[67]
大悲閣	明昌塔旁	萬曆年間明昌塔修建後，僧一瀝於募建於明昌塔旁
大士庵	城內總鎮府左	崇禎十三年，推官羅其論建
蓮華庵	在東門內	明崇禎年間，指揮李開永妻王氏捐資創建

材料來源：萬曆《瓊州府志》卷四〈建置志〉〈寺觀〉、康熙《瓊山縣誌》卷二〈建置志·寺觀〉、乾隆《瓊山縣誌》卷二〈建置志〉〈寺觀〉。

在明皇室帶頭破壞朱元璋制定的佛寺禁令、佛寺禁令名存實亡的大背景下，府城地區很快興建十座佛教寺庵。這些寺庵既有地方官員組織修建者，亦有鄉民或僧人募建者。朱元璋認為佛教是「本苦空，

---

67 據萬曆《瓊州府志》卷4〈建置志〉〈壇廟〉，在萬曆四十四年時，兩庠生員曾以許子偉建塔有功，「呈於府、道，迎附丘、海並祭（於敬事堂）」，可知明昌塔當修建於萬曆四十四年之前（參見萬曆《瓊州府志》卷4〈建置志〉〈壇廟〉海口市：海南出版社，2003年，頁165）。

甘寂寞，去諸相欲，必欲精一己之英靈」的教化思想，全國的寺庵未必要多，只要能滿足真正尋求佛法之人的需要即可。但在現實生活中，並非所有民眾，甚至並非所有僧尼有此覺悟，這就決定了朱元璋的佛寺禁令與地方民眾的信仰需要存在衝突。實際上終明一代，府城官民都有參與寺庵興建，府城地方上的一些小型寺塔，如宋元時期修建的丁村、張吳、東岸、蒼驛、買榔、石山、雷虎等塔，亦未因國家禁令而被真正廢止。[68]府城地方官員、民眾積極參與佛教寺庵修建的客觀事實表明，佛教對府城官民信仰生活的影響並未因明初的佛寺禁令而減弱。

第三節　明代道教文化在海南府城的繁榮發展

一　朱元璋對道教的態度與明初府城地區的道教管制

早在洪武初年，明太祖朱元璋便曾明確對臣下表達過對道教的懷疑：「自古聖哲之君，知天下之難保也，故遠聲色，去奢靡，以圖天下之安，是以天命眷顧，久而不厭。後世中才之主，當天下無事，侈心縱欲，鮮克有終。至如秦始皇、漢武帝好尚神仙，以求長生。疲精勞神，卒無所得。使移此心以圖治天下，安有不理？以朕觀之，人君能清心寡欲，勤於政事，不作無益以害有益，使民安田里，足衣食，熙熙皞皞而自不知，此即神仙也。功業垂於簡冊，聲名流于後世，此即長生不死也。夫恍惚之事難憑，幽怪之說易惑，在謹其所好尚耳。

---

68 萬曆《瓊州府志》卷4〈建置志〉〈寺觀〉指出，府城「境內尚有丁村、張吳、東岸、蒼驛、買榔、石山、雷虎等處塔，俱宋元時鄉人私建」，這些私建寺塔無疑應被廢止，但因其規模較小，並無可並，地方官員亦未過於較真，它們實際上處於「半存半廢」狀態，即當地鄉民還會在這些寺塔中崇奉、祈請（萬曆《瓊州府志》卷4〈建置志〉〈寺觀〉（海口市：海南出版社，2003年），頁175。

朕常夙夜兢業,以圖天下之安,其(豈)敢遊心於此。」[69]在朱元璋看來,只要自己「使民安田里,足衣食」,自己的功業能夠「垂於簡冊」、聲名能夠「流於後世」,便已是「長生不死」。而道教所追求的神仙、長生說教,皆是「恍惚之事」、「幽怪之說」,均不足以成為治國憑藉。

不僅自己不好神仙說教,朱元璋還曉諭王公大臣,要求他們不要耽於此術:「神仙之術,以長生為說,又謬為不死之藥以欺人,故前代帝王及大臣多好之。然卒無驗,且有服藥以喪其身者。蓋由富貴之極,惟恐一旦身歿,不能久享其樂,是以一心好之。假使其術信然可以長生,何故四海之內千百年來,曾無一人得其術而久住於世者?若謂神仙混物,非凡人所能識,此乃欺世之言,切不可信。人能忍慾窒欲,養以中和,自可延年。有善足稱,名垂不朽,雖死猶生。何必枯坐服藥,以求不死?況萬無此理。當痛絕之。」[70]洪武二十八年七月,有道士向朱元璋獻「道書」,被朱元璋呵斥。借此機會,朱元璋再次表明自己尊崇儒術、疏離道教的立場:「彼所獻書,非存神固氣之道,即煉丹燒藥之說,朕焉用此?朕所用者聖賢之道,所需者治人之術,將躋天下生民於壽域,豈獨一己之長生久視哉!苟一受其獻,迂誕怪妄之士必爭來矣,故斥之,毋為所惑。」[71]

雖然朱元璋本人不信奉道教的說教,但他也不主張禁止道教,這主要是因為在朱元璋看來,道教與佛教一樣,可以用來勸化「未知國法,先知慮生死之罪」的「愚民」,具備「暗理王綱,於國有補無虧」的社會功能。[72]在〈三教論〉一文中,朱元璋更是指出:「天下無

---

69 (明)婁性:《皇明政要》卷2〈端好尚〉,載《續修四庫全書》第424冊(上海市:上海古籍出版社,1995年),頁18。

70 (明)余繼登輯:《典故紀聞》(北京市:中華書局,1981年),頁38。

71 (明)婁性:《皇明政要》卷4〈辟異端〉,載《續修四庫全書》第424冊(上海市:上海古籍出版社,1995年),頁29。

72 (明)朱元璋撰,胡士萼點較:《明太祖集》(合肥市:黃山書社,1991年),頁245。

二道，聖人無兩心。三教之立，雖持身榮儉之不同，其所濟給之理一。然於斯世之愚人，於斯三教，有不可缺者。」[73]承認道教在某種程度上，存在與儒教相契合處，在勸化「斯世之愚人」時，道教是「不可缺」的重要教化思想。因此對道教，朱元璋採取「惟嚴其禁約，毋使滋蔓」的原則，既承認道教官方信仰教化思想的地位，又制定嚴格的管理條例，以便最大限度的發揮道教的積極功能、規避其消極功能。[74]

　　早在洪武六年時，朱元璋便曾下令，讓地方府州縣「止存」一所大型道觀，集中安置道教士女，並擇選有戒行的高道「領其事」。與此同時，朱元璋下令一般民眾若想成為道士，必須要先通過國家組織的考試，即所謂「必考試精通經典者方許」。[75]洪武十五年時朱元璋進一步完善全國的道官制度，革除明初設置的玄教院，在禮部之下新設管理全國道教事務的道錄司。道錄司有左右正一二人，正六品；左右演法二人，從六品；左右至靈二人，正八品；左右玄義二人，從八品。在地方上，府置道紀司掌一府道教，設都紀一人，從九品，副紀一人，未入流；州置道正司，設道正一人，縣置道會司，設道會一人，俱未入流。同時規定道錄司並地方道教管理機構核實全國道觀、道士數量，檢束天下道士，約束其「恪守戒律清規」，如有犯戒便「從本司理之」。[76]洪武二十四年時，中央再次重申歸併地方宮觀的法令，讓地方府州縣但存宮觀中「寬大可容眾者一所並居之，毋雜處於

73　（明）朱元璋撰，胡士萼點較：《明太祖集》（合肥市：黃山書社，1991年），頁378。

74　（明）申行時等修，（明）趙用賢等纂：《大明會典》卷94〈禮部〉，載《續修四庫全書》第791冊（上海市：上海古籍出版社，1995年版），頁65。

75　（明）申行時等修，（明）趙用賢等纂：《大明會典》卷226〈僧錄司〉，載《續修四庫全書》第792冊，（上海市：上海古籍出版社，1995年版），頁654。

76　（明）姚廣孝著，樂貴明編：《姚廣孝集》（北京市：商務印書館，2016年），頁1719。

外，與民相混」，[77]同時規定道士「為孝子慈孫演誦經典，報祖父母、
父母者，各遵頒降科儀，毋妄立條章、索民財，民有……假張真人
（之名）私造符籙者，並重治」。[78]這道法令不僅重申了洪武六年歸併
地方宮觀的原則，還強調地方道士要與一般民眾分開安置，並明確了
道士為一般民眾進行宗教規範的規範條例，為明代地方道教活動的合
理開展提供法律參照。

　　據正德《瓊臺志》，府城地區的道紀司設置在「府城外東北隅玄
妙觀中」，置於洪武十六年，設有都紀、副都紀各一員。[79]玄妙觀即宋
代的天慶觀，元代始更名玄妙觀。該道觀是府城地區規模最大的道
觀，至遲從元代開始，郡祝釐儀式便已在玄妙觀舉行。元代宗教人士
地位尊崇，玄妙觀設有正四品機構海南營繕提點所。[80]在朱元璋歸併
宮觀法令下達後，府城地區的不少宮觀都被歸併，位於城東河口、宋
鄉人建募建的玉皇殿，位於城東一里東廂、宋祥符年間鄉人建的佑聖
堂，分別位於城東、城西的兩處醫靈堂，以及位於城南一里、元文宗
潛邸時從僚撒迪修建的三官堂，在明代皆「廢」，這五處道教宮觀，
極可能是在明太祖歸併宮觀法令的影響下廢止的。[81]但作為符合「寬
大可容眾」之保留原則的道觀，玄妙觀不僅未被廢止，反而在地方官
員的維護下不斷發展，成為海南道教宮觀的門面。

---

77 （明）王圻撰：《續文獻通考》卷240〈仙釋考〉，載《續修四庫全書》第766冊（上
　　海市：上海古籍出版社，1995年），頁659。

78 （明）王圻撰：《續文獻通考》卷91〈職官考〉，載《續修四庫全書》第763冊（上
　　海市：上海古籍出版社，1995年），頁531。

79 正德《瓊臺志》卷13〈公署〉（海口市：海南出版社，2006年），頁302。

80 正德《瓊臺志》卷27〈寺觀〉（海口市：海南出版社，2006年），頁567。

81 正德《瓊臺志》卷27〈寺觀〉（海口市：海南出版社，2006年），頁567。

二　成祖朝以降的道教政策與府城地區道教文化的繁榮發展

　　明太祖時期，全國一直未有大規模崇奉道教的活動，這一情形在明成祖時期被逐漸打破。據《明史》記載，朱棣在發動「靖難之役」後，真武大帝屢次顯靈，陰助朱棣奪取皇位。[82]為表示對真武大帝的崇奉，明成祖下令在武當山修建以崇奉真武大帝為主題的系列道觀：「即天柱峰頂冶銅為殿，飾以黃金，范真武像於中。選道士二百人供灑掃，給田二百七十七頃並耕戶以贍之。仍選道士任自垣等九人為提點，秩正六品，分主宮觀，嚴祀事，上資太祖高皇帝、孝慈高皇后之福，下為臣庶祈弭災沴。凡為殿觀，門廡、享堂、廚庫一千五百餘楹。上親制碑文紀之。」[83]學者指出，明成祖的做法「實際上是建立了一個兼為道教核心區與皇室私家道觀的中心」，這樣大規模修建豪奢道觀群的做法「無論如何，已經超出了以道教『陰翊王道』的程度，是公開的道教崇拜活動，其社會暗示作用，自然不可小覷」。[84]按太祖朱元璋法令，府城地區應僅留一所道觀。但因明成祖崇奉真武大帝，府城地區的真武宮不僅沒有被革除，反而得到地方官員的大力維護。據正德《瓊臺志》，元代建於府城西南百餘步的真武宮曾為知縣陳永彰、指揮張玉、副使酈彥譽等地方官員「繼修」。此外，在城北樓上亦建有真武宮。[85]地方真武宮的修建、維護，顯然與成祖等明代帝王對真武大帝的敬奉有關。

82　參見《明史》卷145《姚廣孝傳》（北京市：中華書局，1974年），頁4080；《明史》卷50〈禮志四〉（北京市：中華書局，1974年），頁1308。

83　（清）顧炎武：《肇域志》〈湖廣二〉，載《續修四庫全書》第592冊（上海市：上海古籍出版社，1995年），頁307-308。

84　趙秩峰：《明代國家宗教管理制度與政策研究》（北京市：中國社會科學出版社，2008年），頁197-198。

85　正德《瓊臺志》卷27〈寺觀〉（海口市：海南出版社，2006年），頁567-568。

　　成祖以後之明代帝王對道教的崇奉，較成祖有過之而無不及，我
們可以從有明一代道士官方地位不斷提高上管窺一斑。明朝初年，賜
道士誥命的情形十分鮮見，但自景泰四年代宗皇帝賜道錄司左正一邵
以正誥命以後，給道士誥命的情形日益增多。[86]在明憲宗成化年間之
前，對道士的封贈還需要通過國家行政機關的審核，自成化元年春正
月「太監柴昇傳奉聖旨，升左正一道玉為真人，給誥命」後，道士通
過賄賂方式獲得皇帝封贈的情況愈發普遍。[87]憲宗崇奉道教、重用道
士，修道者們不僅被委任為朝廷命官，甚至還有擔任六部侍郎、太常
寺卿者。道士侵奪士大夫官職的情況，激起了儒生的強烈不滿。明孝
宗登基後，他們奏請明孝宗懲治「左道」，孝宗聽從儒生建議，先革汰
「傳奉官千百人」，再詔禮官議汰諸道官一二三人。裁汰「左道」人數
之多，足見成化年間道士擔任朝官情形之普遍。[88]

　　弘治中期以後，明孝宗對道教的興趣逐漸增強，「黃白修煉之
術，丹藥符籙之伎，雜進並興」，朝臣數度勸諫，孝宗「姑置之」。[89]
明孝宗的繼承者明武宗雖對道教無太大興趣，但亦無打壓道教發展的
打算。正德七年三月，吏部尚書楊一清請求武宗裁汰僧、道錄司數千
冗官，明武宗僅裁退五人以作應付。[90]當有朝臣請以士大夫代替為官
道士時，明武宗也經常不予理會。[91]武宗的繼承者是世宗，在其統治

---

86 參見朱莉麗著：《行觀中國——日本使節眼中的明代社會》（上海市：復旦大學出版
　　社，2013年），頁239。

87 參見劉康樂：《明代道官制度與社會生活》（北京市：金城出版社，2018年），頁106。

88 （清）趙翼撰，王樹民校證：《廿二史劄記校證》（北京市：中華書局出版社，1984
　　年），頁779-780。

89 （明）徐學聚撰：《國朝典匯》卷33〈朝端大政〉，載《四庫全書存目叢書》第265
　　冊（濟南市：齊魯書社，1996年），頁38-39。

90 （明）何喬遠：《名山藏》卷20〈典謨記〉，載《續修四庫全書》第426冊（上海
　　市：上海古籍出版社，1995年），頁35。

91 參見趙秩峰：《明代國家宗教管理制度與政策研究》（北京市：中國社會科學出版
　　社，2008年），頁210。

時期，道教地位達到明代頂峰。著名道士邵元節曾被世宗皇帝「數加恩」，生時官拜禮部尚書，賜一品服，去世時被追封為少師，葬以伯爵之禮，得「文康榮靖」四字諡號。[92]邵元節去世後，管庫人員出身的道士陶仲文開始得寵，曾「一人兼領三孤（少師、少傅、少保），終明世，惟仲文而已」，地位之尊崇甚至「過於（邵）元節」。[93]世宗不僅疏遠朝臣、信任道士，其本人也是篤信道教的修道者，曾給自己加「太上大羅天仙紫極長生聖者昭靈統元證應玉虛總掌五雷大真人玄都境萬壽帝君」封號，公然以道教皇帝身分示人。[94]世宗以後，雖然道教「不再直接對朝廷政治發生重大影響」，但「道教在社會上的地位和影響並未削弱，朝廷利用道教行祈禱之事以及『陰翊王道』的方針，也皆照舊」。[95]可見在明代，僅太祖洪武時期曾短暫實施過對道教發展嚴格管控的政策，自成祖朱棣以降，明代帝王崇奉道教成為國家宗教形勢的常態，在此社會背景下，地方道教文化的發展很難為明太祖時期的道教政策約束。

除明太祖時期被地方政府立為府城道紀司所在的玄妙觀，以及被地方官員不斷重修的兩處真武宮以外，據萬曆《瓊州府志》，在明中後期，府城地區還興建了名為「三元宮」的新道觀。三元宮最初修建於府城小北門內，由商人張朝素捐建。地方商人捐建宮觀被府城地方政府認可一事表明，府城道教文化的發展實際上不受朱元璋制定「寬大可容眾者一所，並而居之，毋雜處於外，與民相混」之政策的約束。三元宮的發展一直離不開地方商人的支持，張氏捐建三元宮之初，曾為該宮觀備田三丁，以為香燈之費。後來三元宮移建於北城外

---

92 《明史》卷307〈佞倖傳〉（北京市：中華書局，1974年），頁7894-7895。

93 《明史》卷307〈佞倖傳〉（北京市：中華書局，1974年），頁7895。

94 《明史》卷307〈佞倖傳〉（北京市：中華書局，1974年），頁7898。

95 趙軼峰：《明代國家宗教管理制度與政策研究》（北京市：中國社會科學出版社，2008年），頁222。

河邊，移建費用主要由鄉官盛尚志同商人錢中節捐助。眾所周知，中國古代商人的地位並不高，他們的商業活動多仰賴地方政府支持，故不敢輕易違反國家法令。明中後期府城商人參與三元宮修建與維護的史實表明，府城地區道教文化發展的大環境十分寬鬆。此外我們還應注意到，明朝初年朱元璋制定的道教政策中，曾有道士「為孝子慈孫演誦經典，報祖父母者，各遵頒降科儀，毋妄立條章，多索民財」的規定，表明明中央並不會過多干預道士與一般民眾的互動。在明代的府城地區，每年正月六日之後，各坊、各村都會「行儺禮，設醮抬神，貼符逐疫」，這種活動被今天的府城人稱為「行符」，是需要道士主持的節慶，規模很大。[96]元代已出現的境主神每年為鄉人「舁之出遊許醮，裝軍容」儀式，在明代依舊不斷舉行。明代府城「土人私祀」祠廟數量遠多於宋元時期，境主神「裝軍容」影響的範圍也比宋元時期更大。總體上看，府城地區道教文化的發展並未因明初的諸多限制條例而終止，道教文化對府城民眾信仰生活影響的程度仍舊在不斷加深。

小結

明代的統治者不再將海南視為貶謫官員的蠻荒之地，反而將其比作「習禮儀之教化，有華夏之風者」的海濱鄒魯。在中央重視下，儒釋道三教，特別是儒教在海南呈蓬勃發展態勢。就官辦儒學教育發展來看，不僅瓊州府學、瓊山縣學等府城地區舊有官學的辦學規模越來越大、招生人數越來越多，明代的府城地區還興建了海南衛學及大量官辦社學；就私學教育發展來看，明代府城地區至少修建了八所書院，此外還修建若干用以教授貧民子弟的義學。官學、私學教育的發

---

96 萬曆《瓊州府志》卷3〈地理志〉〈風俗〉（海口市：海南出版社，2003年），頁116。

達，大大提升了海南民眾的儒學素養。在明代，府城地區至少為國家培養了三十七位進士、二四六位舉人，其中不乏丘濬等官至宰執者，這一成績比之海北州府亦毫不遜色。至少從儒學教育發展來看，明代的府城地區確實當得起「海濱鄒魯」的美譽。就儒家祭祀文化發展來看，明代府城地區的通祀壇廟祭祀符號遠比宋元時期豐富，更重要的是，宋元時期尚未出現的紀念性祠廟在明代開始大規模修建。這一史實表明，明代是儒家祭祀文化在府城地區繁榮發展的朝代。

明太祖朱元璋高度重視儒教文化推廣，對佛教、道教更多採取嚴格管控政策，不僅佛教、道教僧官的地位與元代相比大有不如，在洪武二十四年，中央更是規定自今天下僧道，凡各州縣寺觀雖多，但存其寬大可容眾者一所，並而居之」。在此詔令影響下，明初府城地區興起了一個歸併寺庵、宮觀的高潮，似乎佛教、道教文化在府城地區的傳播出現停滯。但事實上，佛教、道教對府城官民信仰生活的影響並未削弱。就佛教來看，府城官民私建寺庵的情形一直存在，只是主政官員礙於朝廷法令，不能對這些行為表示認可。當萬曆年間皇帝、皇太后在全國範圍內大規模興建寺院、不再遵守朱元璋制定的佛寺禁令時，府城地區立刻興起興建佛寺的高潮，從中不難管窺明代府城地區佛教文化的繁盛。明代府城地區的道教宮觀也不似法令規定的那樣只有一座，除規模最大的玄妙觀外，府城地區還有兩處真武宮和一座三元宮。雖然府城地區的道教宮觀數量不如宋元時期，但明代府城地區道教與民眾信仰生活結合的更為緊密。當下，府城民眾每年都會圍繞境主廟、境主神舉行兩次大規模的節慶活動，分別是每年正月的「行符」，以及每年境主神誕期的「公期」，這兩大活動都需要道士出面，可見明代府城地區的道教文化也十分繁榮。

第五章
清代府城地區儒釋道文化的進一步傳播

　　順治元年（1644）三月李自成攻陷燕京（北京），崇禎皇帝自縊於煤山，明朝滅亡。後李自成軍主力與清軍主力決戰於山海關，李自成軍敗績。順治元年五月，清軍進入燕京。同年十月一日，幼主福臨在燕京舉行登基大典。福臨正式成為入主中原的皇帝，清政府則成為新的全國政權。順治四年二月，清朝總兵閻可義率軍入瓊，「百姓郊迎安堵，遂定瓊州」。[1] 在清朝建立後的很長一段時間，海南的行政建置沿襲明制，置瓊州府統轄海南全境。直至清末光緒三十一年（1905），為加強對近黎地區的防衛，才將崖州升為直隸州。崖州升直隸州後，瓊州府直接管轄的範圍有所縮減，但這並未影響府城地區作為海南政治、經濟、文化、軍事中心的地位。清代的信仰教化政策也基本沿襲明制，以儒教立國，以佛道二教為儒教的補充。下試對清代儒釋道文化在海南府城的發展給予簡要論述。

1　民國《瓊山縣誌》卷28〈雜誌〉（海口市：海南出版社，2004年），頁1830。事實上在清初，海南本地士人與流落海南的南明遺臣經常起兵反清，直到清康熙十五年（1676）各反抗勢力被鎮壓以後，清朝對海南的統治才趨於穩定（參見周偉民、唐玲玲：《海南通史·清代卷》北京市：人民出版社，2017年），頁1-17。

第一節　清代府城地區儒教文化的進一步傳播

一　清代府城地區儒學教育的發展

早在入關之前，努爾哈赤便曾宣諭臣下曰：「為國之道，以教化為本，移風易俗，實為要務。誠亂者緝之，強者訓之，相觀而善，奸慝何自而逞，故殘暴者當使之淳厚，強梁者當使之和順，乃可幾仁讓之風焉。舍此不務，何以克臻上理耶。」[2]公開做出尊儒重教的姿態。清朝建立後，歷任帝王均尊儒重教，全國的儒學教育呈蓬勃發展態勢。實際上，明代的地方官學已十分完備，只是由於明季社會動盪，很多地方官學處於荒廢狀態。清朝建立後，順治帝即刻對明代官學予以恢復，宣諭禮部曰：「帝王敷治，文教為先。臣子致君，經術為本。自明末擾亂，日尋干戈，學問之道，闕焉未講。今天下漸定，朕將興文教、崇經術，以開太平。爾部傳諭直省學臣，訓督士子，凡理學、道德、經濟、典故諸書，務研求淹貫。明體則為真儒，達用則為良吏。果有實學，朕必不次簡拔，重加任用。」[3]將士子研讀「理學、道德、經濟、典故諸書」與做官緊密結合，並將此「興文教、崇經術」視為「以開太平」的重要前提。在中央政府的重視下，全國各地的儒學教育很快恢復，並在明代的基礎上有更進一步的發展。

（一）舊有官學的恢復和發展

明末社會動盪，府城地區的官學教育處於停滯狀態。清軍入瓊之初，海南的南明遺臣經常掀起反叛，間接影響到舊有官學的恢復。直至康熙年間府城周邊局勢穩定之後，以瓊州府學、瓊山縣學為代表的一批舊官學才逐漸恢復。

2　《太祖高皇帝聖訓》卷3〈崇教化〉，載《四庫提要著錄叢書》第195冊（北京市：北京出版社，2010年），頁421。

3　《清史稿》卷106〈選舉志〉（北京市：中華書局，1977年），頁3114。

　　康熙六年，分巡學道馬迎皋倡捐，重修宮殿、廡廊、齋舍，瓊州府學恢復辦學。經過明代的幾次擴建，清代瓊州府學的基礎規模已經很大，加之清代中央、地方政府十分注意以書院教育補府、縣學之不足，故清代瓊州府學的辦學規模比較穩定，方志上僅有康熙五十一年（1712）副使申大成「各展十數武」一次擴建記載，但這並不等於說清代地方官員對瓊州府學辦學不夠重視。實際上，瓊州府學一直得到地方官員的大力維護。因府學經常遭遇颶風毀損，每次重修都耗費甚多物力、人力，乾隆三十四年（1769），知府曹槐應紳士之請，以府署東試院之地改建府學。從乾隆三十六年開始，新府學在瓊州知府蕭應植、瓊州府學教授王拱、訓導陳國華及多位紳士的「董勸捐修」下動工興建。經過兩年努力，新府學修建工作完成，「創建殿廡、門牆、泮池及崇聖、名宦、鄉賢各祠，明倫堂、更衣亭、兩學齋署，規制悉備」。相較明代，清代的瓊州府學不僅有必備的教育場所，還有「重簷遊廊」、「階用納陛」等略顯奢侈的設施，彰顯著瓊州府學優厚的辦學條件。[4]

　　瓊山縣學亦由分巡學道馬逢皋於康熙六年倡捐重建，重建後地方府、縣官員屢有捐修。與瓊州府學一樣，瓊山縣學也因容易遭遇颶風侵襲，乾隆三十五年時，知府曹槐、知縣秦其焞應紳士吳位和等人請求，遷建其於鼓樓東鐘樓廢址處，耗時兩年乃成。此後，瓊山縣學又經歷兩次擴建，第一次是嘉慶四年（1799），署瓊州府知府李戴春、知縣蔡升應紳士之請，「市民房四所，移崇聖祠至後大街，移大成殿退後三丈許」；第二次是嘉靖二十年，瓊山縣知縣金樹本繼成「市東西民房，補足兩廡並修成大成殿，大成門改建外門，規制悉備」。[5]

4　道光《瓊州府志》卷7〈建置志〉〈學校〉（海口市：海南出版社，2006年），頁311-312。

5　道光《瓊州府志》卷7〈建置志〉〈學校〉（海口市：海南出版社，2006年），頁311-312。

　　因有明代瓊州府學、瓊山縣學的辦學基礎，清代瓊州府學、瓊山
學校的辦學規模比較穩定，這一時期府城地區儒學教育的發展更多體
現在書院的興建上。

（二）政府力量介入與府城書院教育的蓬勃發展

　　清朝初年，統治者擔心明朝遺士利用書院宣揚反清復明思想，故
禁止地方興辦書院。至康熙年間，清政府的統治趨於穩固，朝廷雖未
明確下詔解除禁令，但最高統治者常通過賜書、賜匾的方式對書院教
育給予褒獎。至雍正十一年（1733），朝廷開始下達詔令，督促地方
督府於省會之地創建書院，並從「存公銀內支用」辦學經費。雍正年
間的詔令，實際上肯定了此前地方書院的興建，並暗含敦促地方官員
振興書院教育的用意。故此詔令一下，省會以外的府州縣城市也積極
回應。[6]下試對清代府城地區興建的書院給予簡要枚列。

1　瓊臺書院

　　位於府城內丁字街，康熙四十九年巡道焦映漢創建。瓊臺書院創
建後，在地方官員的重視下很快蓬勃發展起來，不僅辦學規模越來越
大，學田也越來越多。創建後不久，焦映漢便「集闔郡童生肄業其
中」，並為其置辦田產「以資膏火」。次年，巡道申大成「每月給諸生
銀一兩佐薪水之費」，生員待遇頗為優渥。府城的府治義學原有北
沖、河口、攀丹、北麻及定安陳村等多處學田，自乾隆元年至五年
間，這些學田先後並於瓊臺書院（即府治義學併入瓊臺書院）。嘉慶
二十三年，督學傅棠捐助經費洋銀四百元。二十五年，巡道費丙章倡
率官紳，捐集洋銀五千餘元，添買民房、圍以垣墉、旁辟大門、恢擴
基址、增修書舍，除支銷工費外，尚餘錢二百五十千文。道光五年

6　關於清政府對地方書院態度轉變的經過，可詳參劉伯驥：《廣東書院制度改革》（上
　海市：商務印書館，1939年），頁45-55。

（1825），巡道周鳴鑾復倡官紳捐銀四千兩。七年，巡道喻溥又捐俸錢四百千文，陸續置買田地若干處。田地置辦完畢後，猶餘錢三千零八十四千文。這些餘錢由負責官員轉發當商生息，每年所得利息由有司統理，按季批解道庫支給掌教監院脩脯及正內課生童膏火，視舊倍增，各有定額。二十九年，巡道黃宗漢又在書院西邊添造齋舍兩間，並增士子膏火。[7]光緒二十年，楊道等人捐銀六千元重修，改建東西齋舍二十間，於講堂後建藏書樓，購經史子集二萬餘卷存其中，地方誌稱「海外書院多藏書，實自此始」。書院選通材生肄業，學為專門之學，增加膏火，又建奎光閣於大門內中階以培文運。光緒二十八年為響應新政號召，瓊臺書院被改為瓊臺中學堂。[8]

2　雁峰書院

建於府城東南隅舊郡庠遺址處，因面對雁塔三元峰，故名。乾隆三十六年，由邑紳吳福等八家捐銀四千兩，建講堂五間、東西齋十二間、大門三間，除修建工費外，餘銀生息以為延師費用。最初，政府力量未大規模介入雁峰書院，書院「歲久傾頹」。道光三年，署瓊山知縣於學質集邑紳捐洋銀五千四百七十六元，並銅錢三百一十千文，合前雁峰書院存本息銀二千二百元，合銀七千六百七十六元、銅錢三百一十千文，修葺講堂齋舍、置買學田，由撥貢生王天佑綜理其事。辦完一切事宜後，尚餘錢二千文，均發當商生息，添設童生膏火，並改其額為「瓊山雁峰書院」。道光九年，知縣蘇棨集邑紳續捐洋銀三千八百六十元，易製錢三千千文，合前二千千文，共計本錢五千千文，均發商生息。咸豐元年（1851），瓊山知縣張霈允邑紳蔡藩等人之請，集官紳商民捐資重建，工竣後尚得餘錢二千餘千文，合前本錢五千千文，共錢七千餘千文。咸豐六年置買眉莊田二契，除去花費，

7　咸豐《瓊山縣誌》卷4〈建置志〉〈書院〉（海口市：海南出版社，2004年），頁212。

8　民國《瓊山縣誌》卷4〈建置志〉〈書院〉（海口市：海南出版社，2004年），頁254。

尚餘錢二千餘千文，俱交當商生息以為脩脯膏火之費。雁峰書院肄業正內課生童膏火額數與瓊臺書院同，可見在官方力量介入後，雁峰書院的辦學條件得到大規模改善。[9]後因癸卯學制改革，雁峰書院改為瓊山第一高等小學校。[10]

3　蘇泉書院

舊在浮粟泉上，乾隆十年知府于霈、知縣楊宗秉因二蘇祠捐建，通計有堂舍四十七間。後又於泉上建六角亭，翼以雕欄，欄外鑿池植荷，以為棲遊之地，共費銀二千餘兩。十七年，因改建龍王廟之故，泉上堂廳俱廢，其餘歲久亦漸次傾圮。三十九年，巡道陳用敷等率闔郡官紳建復講堂、後堂、文奎樓各三楹於舊址之右，而祠二蘇於堂，未幾複圮。五十八年，知府葉汝蘭率官紳捐資重建，前為書院講堂，後為二蘇祠。嘉慶十四年，知府張增重修，仍東坡書院。[11]同治九年，知府馮端本重加整頓，委周書就龍王廟前座為講堂，於書院內空地處添建齋舍十餘間，勸捐膏火銀二萬餘元以充經費。後因重建蘇公祠、五公祠，書院齋舍多被並廢，所存無幾。光緒二十五年，郡城東學街前舊有歐陽太守遺愛祠，為僧人所占，更名為淨土寺。時人稟請知府陳武純撥田產歸蘇泉書院，以其地移建書院。陳武純捐廉銀二百元，其繼任者劉尚倫捐廉銀四百元，並勸學界捐銀五千餘元，文昌縣薛其和捐銀一千元，委監院張瑞鏡會同院長粘世珩鳩工，建築五夾書樓、講堂兩座，內仍建蘇公祠，左建歐陽太守遺愛祠，右建太守祠，旁室二間，外建大門照牆，自光緒二十五年冬開始動工，至光緒二十

9　民國《瓊山縣誌》卷4〈建置志〉〈書院〉（海口市：海南出版社，2004年），頁249-250。

10　民國《瓊山縣誌》卷4〈建置志〉〈書院〉（海口市：海南出版社，2004年），頁256。

11　咸豐《瓊山縣誌》卷4〈建置志〉〈書院〉（海口市：海南出版社，2004年），頁213-214。

七年夏完工。後因學校兩旁空闊，尚無齋舍，院長又托林麟之、張儒衡等勸捐銀二千元，添建兩旁齋舍各六間。後因新政，將書院改為農業中學校。[12]

4　海門書院

在海口所北門外江張二公祠之左，雍正年間郡人陳國安等倡建以祀太守宗思聖，並置書院前鋪二間，歲收租銀以為香火之費，日久傾圮。乾隆年間，商人義例等捐項重修，餘存貯以垂永久。[13]

5　瀛海書院

原為海門義學，在海口所城內，康熙十八年由官紳商民捐建，外鑿東西月池，遍植芙蕖，知縣茹鉉董其事，後為水師右營守備署。四十一年，生員郭九圍等呈請督撫斷該營繳價銀一百兩。知府賈棠置買攀丹等處田，歸入府治義學。後監生譚世傑欲復其舊，惜經費未足。乾隆三十一年，生員嚴孔熾等首倡捐得洋銀八百有奇，別購地於海口所東北隅，建講堂、齋舍、大門。門前有池，池中建魁星樓一座，年延師講習。道光二十三年，監生麥成澤等倡捐重修齋舍、講堂，改名瀛海書院。[14]後因清末學制改革，知縣方紹震將書院改為初等小學堂。[15]

6　樂古書院

在郡西十里小英村，原為明弘治年間所建之鄉義學，歲久傾圮。

---

12 民國《瓊山縣誌》卷4〈建置志〉〈書院〉（海口市：海南出版社，2004年），頁255-256。

13 民國《瓊山縣誌》卷4〈建置志〉〈書院〉（海口市：海南出版社，2004年），頁250。

14 民國《瓊山縣誌》卷4〈建置志〉〈書院〉（海口市：海南出版社，2004年），頁250-251。

15 民國《瓊山縣誌》卷4〈建置志〉〈書院〉（海口市：海南出版社，2004年），頁257。

道光七年，廩生陳瀛、柯拔萃等捐修，知府普祥、知縣錢萬選撥每年鹽批錢四十千文為延師脩脯。[16]

7 翰香書院

在暫都。咸豐二年，附貢王中裕、吳攀桂同各圖衿耆捐建，捐賓興錢一千餘千文，交殷實衿耆掌管，生息以為院考、鄉會試卷資公項之費。[17]

8 環江書院

在調塘二圖曉坡村張家園之西。咸豐五年，貢生張伯琦合十家建，巡道黃鐘音曾為其作記。[18]

9 炳文書院

在舊州墟，舊為文昌閣。咸豐六年，紳士高錫淳、黃振仁協同各都市衿耆商民等捐建，改為書院，並捐錢千餘緡，交當商生息以為賓興之費。[19]

10 犖經書院

光緒十年，舉人馮驥聲與瓊山縣陳起倬創建，撥豬稅每年銀一千元為經費，專課經史詞章之學，地方誌稱「瓊人之知學實自此始」。創建之初，限於地基，室僅三楹而已。逮光緒二十四年，王國棟為書院主講，推廣西邊，建齋舍三楹，外面西向建大門，石刻「犖經書院」四大隸書橫額，又建稽藝亭於正室前，為講經之所，義取鄭康成

---

16 民國《瓊山縣誌》卷4〈建置志〉〈書院〉（海口市：海南出版社，2004年），頁251。
17 民國《瓊山縣誌》卷4〈建置志〉〈書院〉（海口市：海南出版社，2004年），頁252。
18 民國《瓊山縣誌》卷4〈建置志〉〈書院〉（海口市：海南出版社，2004年），頁252。
19 民國《瓊山縣誌》卷4〈建置志〉〈書院〉（海口市：海南出版社，2004年），頁253。

戒子雲「博稽六藝」語以勉學生，書院規模粗備。後因光緒二十九年舉行憲政，書院併入雁峰書院，合為瓊山第一高等小學。[20]

11　月湖書院

在官隆一里，光緒二十六年創建，官隆一里、永盛、白石三圖捐銀三千餘元。至光緒三十二年，改為月湖學堂。[21]

12　清泉書院

在官隆三圖，後改為兩等小學。[22]

13　開文書院

在開文圖，光緒元年建設，延請有名孝廉主講，培育人才，文風始振。光緒三十三年改為鏡泉學堂。[23]

14　鵲峰書院

在安仁市，光緒年間雷瓊道朱采捐廉飭瓊、澄二縣紳民同建，其市為二縣地，延請知名明經教育二縣士子，開辦數年便已有領鄉薦者。至光緒三十年改為兩等小學校。[24]

15　應元書院

在大林墟，光緒十四年歲貢陳廷芬等即約亭地改建，光緒三十四

---

20 民國《瓊山縣誌》卷4〈建置志〉〈書院〉（海口市：海南出版社，2004年），頁254。
21 民國《瓊山縣誌》卷4〈建置志〉〈書院〉（海口市：海南出版社，2004年），頁257。
22 民國《瓊山縣誌》卷4〈建置志〉〈書院〉（海口市：海南出版社，2004年），頁257。
23 民國《瓊山縣誌》卷4〈建置志〉〈書院〉（海口市：海南出版社，2004年），頁257-258。
24 民國《瓊山縣誌》卷4〈建置志〉〈書院〉（海口市：海南出版社，2004年），頁258。

年改為兩等小學堂。[25]

16　東山書院

在東山市外,光緒二十二年紳士王鴻章邀眾同建,光緒三十四年改為東山二等小學堂。其經費由東山市利雜捐及關帝廟公款撥充,常年六百餘金。[26]

17　凌霄書院

在許石山市,光緒十九年知縣張士珵、附貢生王制宜及本都紳士捐題建設,宣統年間改為學堂。[27]

綜上,清代府城地區至少興建十七所書院,且其中不乏由地方官員倡建且規模宏大者。這些書院因為有地方政府支持,辦學較為持久,絕大多數維持到了清末。在癸卯學制之前,這些書院以儒家經典為主要教材,以培養科舉人才為主要目的,是儒家教化理念傳播的重要教化空間。

(三)清代府城地區的社學教育

明初,中央詔令天下每十五家置一社學,延生員有學行者訓軍民子弟。正統、景泰年間,復檄諸郡邑選良士「主社學以訓蒙童」。在明代,海南一度有社學一七九所,其中僅府城地區便有八十一所,但「紀者僅存其七,餘俱無考」。[28]這主要是因為在實際生活中,並不需要如此多的社學,中央的規定過於理想化,不符合基層蒙學辦學的實際需要。清朝建立後,中央亦規定每鄉置社學一所,府城地區為推廣

---

25 民國《瓊山縣誌》卷4〈建置志〉〈書院〉(海口市:海南出版社,2004年),頁261。
26 民國《瓊山縣誌》卷4〈建置志〉〈書院〉(海口市:海南出版社,2004年),頁262。
27 民國《瓊山縣誌》卷4〈建置志〉〈書院〉(海口市:海南出版社,2004年),頁262。
28 道光《瓊州府志》卷7〈建置志〉〈書院〉(海口市:海南出版社,2004年),頁340。

民間蒙學教育，亦置有若干社學。下試以表格形式，對民國《瓊山縣誌》收錄的社學進行統計。

清代府城地區社學興建表

名稱	位置	興建時間	興建情況
鼇峰社學	靈山六神廟右	乾隆四十七年	郡守蕭應植率屬同建，清末改為鼇峰初等小學校
寶蔭社學	在大那邕都	乾隆八年	吏員吳興義建
蔚起社學	在文興都	乾隆年間	吳龍、馮有琥同符、蘇二姓建，捐貲以備脩脯膏火。歲久傾圮、膏火不充，有琥孫獻琛倡捐重修，存貯生息以垂永久
登瀛社學	在蘇尋一圖	嘉慶元年	紳士韋廷璋、馮獻焜集十八友建。道光三十年，獻焜曾孫庠生麟與廷璋侄獻祥同諸友重修
青雲社學	城東南一百五十餘里坡口屯	道光十五年	職員周進祿合族捐建，置學田一千餘千文，以資膏火
安仁社學	在安仁都	道光十年	生員王元浃、黃元善等建。道光十四年，監生葉茂輝倡捐通都，得銀千餘元，生息以為賓興膏火之費
泮池社學	在萬都一圖	道光十七年	丁元章等倡捐生息、置田以為賓興膏火之費
蔚文社學	在蘇尋二圖牛山地	咸豐四年	馮思循集眾建

上表統計了載於民國《瓊山縣誌》的清代府城社學，這些社學既有地方官員主持修建者，亦有地方紳士倡捐修建者。社學與官學、書院一樣，通過捐款生息與置學田的方式籌集日常經費。與明代社學時興時廢不同，清代府城地區的社學有比較穩固的經費來源，辦學較為穩定。

（四）清代府城地區的義學教育

義學教育同樣是地方上十分重要的教育形式。明代府城地區既已有義學興建，但數量較少。清代府城地區的義學數量較明代有比較明顯的提升，下試以表格形式，對見錄於民國《瓊山縣誌》的義學給予統計。

清代府城地區義學興建表

名稱	位置	興建時間	興建情況
南關義學	在鄉約後	康熙二十五年	副使程憲、郡守佟湘年建，後廢
府治義學	在府署大門內右	康熙四十一年	本經歷司舊廨，知府賈棠改為義學，捐俸延師，集闔郡童生肄業，復置北沖都田二十五畝以供膏火，後併於瓊臺書院
珠崖義學	府城西南隅	舊已有，久廢，道光八年復建	巡道喻溥修復各鄉義學，查珠崖義學房舍已為吳氏管業，乃令瓊山知縣蘇棨勸吳氏子孫捐出，復建義學以還舊，每年延師脩脯由瓊山縣按季捐送
範賢義學	在郡城小西門內	道光八年	舊為文昌閣，貢生林瀛呈請知縣蘇棨改為義學
梯雲義學	在城東南一百五十餘里坡口屯	道光十五年	職員周進祿合族捐建，置學田錢一千餘千文以資膏火
文明義學	在龍塘都永拱村	咸豐三年	生員陳治典集眾建
登瀛義學	在大挺都雄赫村	未詳	未詳
石門義學	在大攝一都石門村	明已有，清初復興	明歲貢吳旦建，清初嗣雋復興學產。光緒年間，韶節重修，置產擴充學務，後改建為本區初等高等學校

名稱	位置	興建時間	興建情況
培根義學	在大挺圖儒良村	光緒十年	廩生王澄清等創建
雲梯義學	在府城東十餘里下東岸圖	光緒二十年	紳士謝庭芝等稟請知縣鄧炳春設立於湧譚村謝氏祖祠，撥新市牛捐款充常年學廢，後改為第一區第一國民學校

　　清代府城地方官員和地方紳士對義學教育比較重視，他們主導興建了一批義學，為貧苦子弟求學提供方便。相較明代，清代府城義學的經費來源更為穩固，它們當中的大多數都維持到清末。

　　與明代相比，清代府城地區的儒學教育更為發達，政府力量不僅介入瓊州府學、瓊山縣學的辦學，還大力推動書院、社學、義學的興建。地方紳士也以主人翁的姿態積極投入各種形式之儒學的倡捐活動中，為府城儒學教育的發展提供財力、物力與智力支援。但遺憾的是，儒家仁義道德的教化理念不足以幫助清政府擺脫被西方列強侵凌的境地，清末要求學制改革、更新社會思潮的活動風起雲湧，舊的儒學教育跟不上時代步伐，逐漸被新式學堂教育取代。此後，中國的官方信仰教化思想主要是三民主義和中國化的馬列主義，儒家思想更多被執政者視為一種傳統文化。

二　清代府城地區儒家祭祀文化的內涵更加豐富

　　據民國《瓊山縣誌》，清代府城地區「每春秋二仲或誕節皆官致祭」、「神號在祀典」的壇廟多達三十餘所，其中既有修建於宋明時期的舊有官方壇廟，亦有不少清代才得以樹立起來的新的官方祭祀符號。

清代府城地區官方壇廟表

壇廟名	神祇	類別	備註
社稷壇	社稷	壇壝	宋元已有，在城西南，其主以木為之，高二尺二寸，廣四寸五分，厚九分，座高四寸五分，闊八寸五分，厚四寸五分，皆硃地青書，今易以石
風雲雷雨山川壇	風雲雷雨神、境內山川神	壇壝	宋元在城東北，明代移建南橋，乾隆四年移建城西北隅，其壇規格同社稷
先農壇	先農	壇壝	在東郊外，歲支穀價四兩六錢九分二厘辦祭壇。後祠屋三間，廂房二間，大門一間。
附於山川社稷壇	神祇常雩	壇壝	神祇常雩不另設壇，在耤田同山川社稷舉祭
厲壇	郡厲	壇壝	在城東北一里，道光十四年奉裁
府城隍廟	府城隍爺	祠廟	宋元時已有，廟址數遷
縣城隍廟	縣城隍爺	祠廟	康熙十四年建，在府城隍右
旗纛廟	旗纛神等	祠廟／壇壝	清代附於演武亭
風神祠	當祀颶風神	祠廟	在東關外迎春館後，明萬曆四十五年重建，清雍正年間頒神號及匾額，後移於城東北隅浮栗泉左文昌閣舊址。乾隆九年，知縣楊宗秉酌減瓊山縣儒學丁祭銀，支銀二兩二錢四分九厘五毫為風神祭祀
龍王廟	龍王	祠廟	在城東北金栗泉上二蘇公祠舊址，乾隆十七年巡道德明率屬捐建，邑紳吳瑾董其事
火神廟	火神祝融	祠廟	在城南文昌宮左，道光二年瓊州知府建

壇廟名	神祇	類別	備註
文昌宮	文昌梓潼帝君	祠廟	嘉慶十四年瓊州知府捐建，後移至城南一里圓通寺左，以拔貢生王天祐董其事
關帝廟其一	關帝	祠廟	在瓊臺福地，內有聖母祠，後因遷建學宮東之故，舊廟址關帝廟稱西關帝廟，學宮東關帝廟稱東關帝廟
關帝廟其二	關帝	祠廟	學宮之東，南北二十五丈，東西八丈五尺，後殿三楹，正殿三楹，兩旁廊坊十間，大門五間，戲臺一座，另守廟人住房五間，在大門內東廊房後
天后廟	天后	祠廟	元代舊祠廟，清雍正十二年，瓊山縣知縣准在海口關稅內支擔規銀四兩四錢辦春秋二祭
昭忠祠	陣亡官兵鄉勇	紀念性祠廟	舊在城隍廟西廊，嘉慶八年奏准另立專祠，道光十四年當地官員捐俸移建鎖匙門外大慈寺左
忠義孝悌祠	府城忠義之人	紀念性祠廟	在縣學宮之左，雍正二年署縣趙光緒奉文建設，原與名宦共祠。道光二十八年，巡道黃宗漢移建名宦祠前。地方官員尊雍正元年詔，查明應入祠祀之人（共十四位），製造木主安奉祠內
節孝祠	府城節孝之人	紀念性祠廟	在縣學宮之左，雍正二年署縣趙光緒奉文建設，原與鄉賢共祠，道光二十八年，巡道黃宗漢移建鄉賢祠前。地方官員尊雍正元年詔，查明應入祠祀之人（共五十八位），製造木主安奉祠內

壇廟名	神祇	類別	備註
漢二伏波廟／祠	漢二伏波將軍	祠廟／紀念性祠廟	明萬曆三十四年始建於參將公署旁，萬曆四十五年移建教場演武亭西。清康熙五年巡道馬迎皋移建北郊外大路左。後道尹朱為潮移二伏波祠於蘇泉東坡祠東，舊祠廢棄。
呂祖祠	呂祖	紀念性祠廟	在城北鎖匙門外大慈寺右，嘉慶十二年知府張增建。置雙簪田一契交大慈寺僧，收租以供香火
蘇文忠公祠	蘇軾	紀念性祠廟	舊在城東門內，康熙年間巡撫彭鵬命雷瓊道副使黃國材等人移建城西社稷壇東南隅，與明丘文莊公濬、海忠介公瑞三祠並列，外繚以垣，各為一門，門前石坊並列。
丘文莊公祠	丘濬	紀念性祠廟	舊在景賢祠，與蘇公合祀，康熙年間巡撫彭鵬命雷瓊道副使黃國材等人移建城西社稷壇東南隅
海忠介公祠	海瑞	紀念性祠廟	舊在城隍廟內，康熙年間巡撫彭鵬命雷瓊道副使黃國材等人移建城西社稷壇東南隅
十賢祠	王伯貞等十賢	紀念性祠廟	最初祀王伯貞、徐鑒，為東坡祠後附。明成化年間，知府蔣琪於學宮舊址建祠，專祀王、徐二賢。後陸續增入憲副游璉，太守張子宏、太守史朝宜、學道胡訓、學道魏成忠、知府李多見、知府蔣一鴻、總兵王起龍，始稱十賢祠，每歲丁後致祭。乾隆九年，知縣楊宗秉酌減瓊山縣儒學丁祭銀，支銀二兩二錢四分九厘五毫，專為十賢祠祭祀

壇廟名	神祇	類別	備註
景賢祠	蘇軾、丘濬	紀念性祠廟	在北門外奇甸書院故址，祀蘇軾、丘濬，後蘇軾、丘濬先後移動祀它處，景賢祠遂廢。後知府賈棠因捐奉複建景賢祠於奇甸書院故址，祀蘇、丘二公，外增祀唐太尉李德裕、宋宰相李綱、趙鼎，宋學士胡銓、任伯雨、李光等謫宦海南者，藉以增重而不失景仰之意
歐陽郡守遺愛祠	郡守歐陽璨	紀念性祠廟	在府城學前街，明清易代時被僧人占，改為淨土寺。
梁忠烈公祠	梁思泰	紀念性祠廟	在西關。乾隆九年，知縣楊宗秉酌減瓊山縣儒學丁祭銀，支銀二兩二錢四分九厘五毫，專為梁公祭祀
江張二公祠	江起龍、張瑜	紀念性祠廟	在海口城外天后廟右。江起龍任海安所副將期間勤勞王事，後出洋巡視期間遇颶風歿，歿後英靈不泯，常顯靈海上，康熙年間郡守請兩院建祠祀之。張瑜為虎頭門副將，曾統兵進擊海寇，並救回被擄男女，因功配饗江公祠，祠遂名江張二公祠。祠中尚供奉多位配享者，多為瓊境殺海寇遇害之義士
北帝廟（即真武廟）	真武大帝	祠廟	原建城中，後移城北譙樓上。雍正年間，太守宗思聖撥天主堂苗田三丁以為常住
晏公廟	晏公	祠廟	在小北門內，神在江淮間香火極盛，丘文莊公屢禱有應，建廟於下田村祀之，清初移建小北門內
馬王廟	馬王	祠廟	在子城馬鞍街，清初總兵高進庫改司徒鐘芳屋宇為之，後與火神並祀

壇廟名	神祇	類別	備註
華光廟	華光	祠廟	在小北門外，歲以九月二十八日有司致祭
孚惠伯廟（舊名潘天仙祠）	潘天仙	祠廟	宋代舊祠，後久圮。清康熙年間知縣王贄重建，歲撥湖租銀四兩入廟支用，道光四年旱，闔郡官紳禱雨有應，邑人請封，道光五年奉旨敕封孚惠伯，歲五月上辰日致祭
靈山廟	靈山、香山、瓊崖、定邊、通濟、班帥六神	祠廟	明代奏入祀典，以三月九日致祭。明清時期，多有官員捐田，以田租供香火。乾隆九年，知縣楊宗秉酌減瓊山縣儒學丁祭銀，支銀二兩二錢四分九厘五毫，專為靈山廟祭祀

　　與明代相比，清代的官方壇壝祭祀系統增加了先農壇、神祇常雩。對以上二位神祇的崇奉，是出於國家重農教化的需要。在清代以前，先農壇便一直是重要的國家祭祀，只是絕大多數統治者將其視為中央層面的祭祀，不對地方政府做過多要求。清代統治者十分重視農業，不僅帝王躬耕的籍田之禮相延不衰，中央還要求直省督撫督促所屬府、州、縣、衛立先農壇籍田。自雍正五年以後，地方長官立先農壇籍田成為定制，府城的先農壇正是在此背景下創設。[29]神祇常雩是一種祈雨祭祀，亦是實施勸農教化的祭祀符號。清代中央政府規定，全國各地省、府、州、縣主政官員，應每年四月於社稷壇、先農壇或風雲雷雨山川壇舉行常雩祭祀：「黎明起，至南門外祭祀，本京師大雩祭之期，外省則祭風、雲、雷、雨之神，此間又兼祭府社、府祭在東，山川、先農在西，凡五處奠帛，五處獻爵，蓋相延久也。」[30]清

---

29 關於清代籍田祀先農之禮，參見艾紅玲：〈清代籍田祀先農之禮考察〉，《雞西大學學報》2013年第6期，頁128-129。

30 （清）曾國藩：《曾國藩全集》（長沙市：岳麓書社，1987年），頁1741。

代海南府城的先農壇、神祇常雩與明代的郡厲壇一樣，是皇權對地方祠祀強行干預的產物。

就祠廟系統來看，清代府城地區主要新增了縣城隍廟、龍王廟、火神廟、晏公廟、馬王廟、華光廟、孚惠伯廟。這些祠廟中供奉的多是有特定司職的神祇，比如：龍王廟中的龍王有司雨職能，是府城官民祈雨的重要場所；府城地區常發生雷火災害，火神廟供奉的火神祝融是地方民眾祈求免遭火災的祭祀對象；地方官員對文昌宮的祭祀，給應科士子以很大的心理安慰；孚惠伯廟中供奉的潘天仙是在地方官員祈雨有驗、庇佑闔府百姓免遭大旱後，才被朝廷敕以「孚惠伯」封號的。實際上在明代，府城的官方祠廟中便已有不少功能型祠廟，如颶風廟，顯然是地方官民祈求免遭颶風災害的信仰空間。但在明代，這類祠廟被納入官方祀典的情況還不夠普遍。至清代，地方官員主導修建了大量功能型祠廟，大大提高了地方祀典對民眾信仰生活的影響。

清代府城地區還新修不少崇奉先正先賢的紀念性祠廟，這些祠廟中不乏由地方官員「每春秋二仲或誕節皆官致祭」者。其中，最能代表清代海南府城紀念性祠廟特點的，是忠義孝悌祠、節孝祠和江張二公祠。關於忠義孝悌祠修建的意義，清代著名學者黃清憲的〈清釐忠義孝悌祠祀議論〉有十分直觀的表述：

> 忠義孝悌之行，為人性所固有，實盡人所宜盡。自世教衰而習俗壞，於是遂多不忠不義不孝不悌之人。而忠義孝悌乃為懿行，朝廷旌異之，立其祠於聖廟之中，令有司春秋享祀之，所以褒已往而風後來也。其典至隆，其事豈容借假哉？[31]

黃清憲指出，當時的社會存在「世教衰而習俗壞，於是遂多不忠不義不孝不悌之人」的現象。有鑑於此，朝廷督促地方政府為忠義孝

---

31 （清）黃清憲：《半弓居文集》（上海市：上海社會科學院出版社，2015年），頁8。

悌之人立祠並「令有司春秋享祀」，通過褒獎此等「懿行」的方式「風後來」。府城地區的忠義孝悌祠建於雍正二年，由署知縣趙光緒「奉文建設」，祭祀宋代以來府城民眾中有忠義孝悌行為者。節孝祠與忠義孝悌祠一樣，是由雍正帝下令各地興建的紀念性祠廟。與忠義孝悌祠不同的是，節孝祠主要針對女性。清代程朱理學的地位很高，婦女守節、孝敬公婆的行為廣為社會提倡，在此背景下，雍正皇帝下詔，命地方政府於聖廟旁修建節孝祠，同樣是為「褒已往而風後來」。在清代，忠義孝悌祠、節孝祠是中央規定各直省府、州、縣均要修建的紀念性祠廟，這兩種紀念性祠廟帶有全國通祀的意味，這點與社稷壇、城隍廟類似。

　　江張二公祠的修建，與明清以來海南府城海防形勢日益嚴峻有關。海南島是海上絲綢之路的必經之地，海南周邊也是我國海寇分布比較集中的地區。早在唐代，當地便發生過地方豪酋參與海上劫掠的事件：「（馮若芳）每年常劫取波斯舶三二艘，取物為己貨，掠人為奴婢。」[32]宋元時期，海南島的海盜活動依舊不算頻繁。但到了明清時期，海南島的海盜活動開始猖獗起來，尤其是明萬曆以後，東南沿海其它地區的海盜已漸次平息，但海南的海盜問題卻愈發嚴重。[33]在海盜危害日益加劇的大背景下，清代新修的祠廟中，出現若干承載海防教化功能的祭祀符號，江張二公祠便是其中代表。據民國《瓊山縣誌》，江張二公祠主要祭祀海安所副將江起龍和虎頭門副將張公瑜。江起龍為副將期間「勤勞王事」、「屢剿海寇」，為瓊境海域之安定立下汗馬功勞。後在提兵出洋巡視期間遇颶風而歿，以死勤公事，為瓊境百姓敬仰。張公瑜在任虎頭門副將時曾率兵擊潰海寇楊二、謝昌的

---

32 （日）真人元開著，汪向榮點校：《唐大和上東征傳》（北京市：中華書局，2000年），頁68。

33 姜嫚：《明清海南方志《海黎志》研究》，海南師範大學2015級碩士學位論文，頁19。

襲擊，「救回被擄男婦甚眾」，瓊人亦對其感戴。除以上兩位官員外，還有殺賊殞命的商人謝謙、禦賊遇害的倉大使崔祥也「俱附於廟」。朝廷為示對江公等人的嘉獎，欽賜「英佑驍騎將軍之神」稱號，並從瓊山縣城濠租銀撥派專門經費，支辦江張二公祠的春秋祭品。政府對修建專祠、置辦祭品、封賜神號的做法，體現了官方對此類祠廟的重視。[34]早在海寇危機日益突顯的明代，政府已開始著手修建承載海防教化功能的紀念性祠廟，如明嘉靖三十六年知府黎秀所建的忠勇祠便是祭祀禦海寇陣亡的官兵的教化空間。但眾所周知，事物現象的具體表現，往往要晚於事物本質的產生。海南地方政府大規模樹立海防祭祀符號的時代是稍晚的清代。除上文提到的江張二公祠外，嘉慶八年修建的「以祀陣亡官兵鄉勇」的昭忠祠，同樣是重要的海防祭祀符號。[35]這些祠廟起到團結官民、凝聚人心的作用，有利於維護海府地方社會的穩定。

　　當然，清代府城地區儒家祭祀文化的繁榮，遠非這三十幾座官方壇廟能體現。實際上在清代，府城地區還有不少民眾自發修建的文昌、關聖祠廟，地方政府也往往會對他們給予維護，只是因官方已有此類祠廟，才未將其納入「每春秋二仲或誕節皆官致祭」的祀典體系。另外，清代府城地區的紀念性祠廟數量十分龐大，還有很多紀念性祠廟，如位於城外東北金粟泉上的宋二蘇公祠、位於海口所江張二公祠右的太守宗公思聖祠、建於城北隅粟泉書院內的謝公祠等，雖未被納入「每春秋二仲或誕節皆官致祭」體系，卻也是地方政府認可的、傳播儒家教化理念的教化空間。與明代相比，清代府城地區的官方壇廟數量更多，信仰內涵更加豐富。從民國時期開始，儒教便不再是中國的官方信仰教化思想，府城地區的官方壇廟也多因失去官方經

---

34 民國《瓊山縣誌》（海口市：海南出版社，2004年），頁290-291。

35 民國《瓊山縣誌》（海口市：海南出版社，2004年），頁281。

費的支援而荒廢，故我們可以認為，清代是府城儒家祭祀文化發展的
頂峰。

第二節　清代府城地區佛教文化的進一步傳播

一　清代帝王對佛教發展的態度

　　早在太祖努爾哈赤時期，滿族貴族已普遍信奉佛教。在其自稱金
國汗王的前一年即萬曆四十三年（1615），努爾哈赤曾下令在赫圖阿
拉老城外為三世諸佛修建廟宇，前後耗時三年。在攻取遼東後，努爾
哈赤特意頒發一道保護寺廟的法令：「任何人不得拆毀廟宇，不得於
廟院內栓繫牛馬，不得於廟院內便溺。有違此言，拆毀廟宇栓繫牛馬
者，見即執而罪之。」[36]該法令的頒布表明，努爾哈赤對佛教發展持
扶持、保護態度。

　　皇太極統治時期，隨著統治範圍的不斷擴大，後金政權的宗教制
度漸趨成熟。這一時期，後金統治者開始吸取明王朝的經驗，著手制
定約束、限制佛教發展的政策。天聰五年（1631）皇太極頒布禁止私
自建寺的詔令：「奸民欲避差徭，多相率為僧。舊歲已令稽查寺廟，
毋得私行建造。今新造者反較前更多。可再詳確稽察，除明朝漢官舊
建寺廟外，新造者准留若干，此後有增造者治罪。」[37]次年，皇太極
又下達詔令：「各廟僧道，設僧錄司、道錄司總之。凡通曉經義、恪
守清規者，給予度牒。又定：僧道不許買人為徒，違者治罪。」[38]這

---

36 中國第一歷史檔案館、中國社會科學院歷史研究所譯注：《滿文老檔》（北京市：中
　華書局，1990年），頁29。

37 《皇清開國方略》卷15「天聰五年閏十一月庚戌條」，載《文津閣四庫全書》第119
　冊（北京市：商務印書館，2005年），頁78。

38 《欽定大清會典事例》卷501〈禮部〉〈方伎〉〈僧道〉，載《續修四庫全書》第806
　冊（上海市：上海古籍出版社，1995年），頁12。

一時期，後金統治者已認識到佛教過分發展會影響到政府的財稅收入，制定若干限制佛教發展的政策，但這並不等於後金統治者在有意打壓佛教。實際上，皇太極曾積極保護其統治範圍內的古剎，並著手在盛京興建一批大型寺廟。在皇太極統治時期，後金國的佛教是有過大規模發展的。[39]

清軍入關初期多爾袞攝政，因當時政權尚未穩固，為防止佛寺藏匿反清人士，清政府制定了相對嚴苛的佛教政策。但篤信佛教的世祖章皇帝福臨親政後，旋即廢除這些政策。順治八年，福臨宣諭曰：「先前曾禁止滿、蒙、漢軍私自修建寺廟，或往寺廟上香、送孩童入教、隨喇嘛齋戒、受戒等。現天下一統，滿、蒙、漢軍、漢人皆如一家，法律怎可有異？現滿、蒙、漢軍、諸官民等，若欲興建寺廟、修復破舊寺廟、往寺廟上香、送孩童入教、隨喇嘛齋戒、受戒等，無論男女，皆可隨意。」[40]順治十三年，順治帝再次頒布上諭，指出：「朕惟治天下必先正人心，正人心必先黜邪術。儒釋道三教並垂，皆使人為善去惡，反邪歸正，尊王法而免禍患。」[41]對佛教的教化意義給予高度肯定。

康熙帝自幼研習孔孟經典，在繼位後曾以專好孔孟治國之道、不好仙佛自居。[42]在統治初期，康熙帝制定了一系列限制佛教發展的政策，如康熙四年時制定嚴格限制寺廟僧人人數及出家條件的政策，規定「興京、盛京及京師寺廟僧道，均遵旨建設外，其前代敕建寺廟，

---

39 參見劉鵬編著：《細說中國佛教》（北京市：光明日報出版社，2009年），頁162；王中旭：《中國古代物質文化史》（北京市：開明出版社，2016年），頁285。

40 中國歷史第一檔案館編：《清初內國史院滿文檔案譯編（下）》（北京市：光明日報出版社，1989年），頁169。

41 《清實錄・世祖章皇帝實錄》卷104「順治十三年十一月辛亥條」（北京市：中華書局，1985年），頁811。

42 詳見中國第一歷史檔案館整理：《康熙朝起居注》（北京市：中華書局，1984年），頁124-125、127。

各設僧道十名，私建大寺廟各設八名，次等寺廟各設六名，小寺廟各
設四名，最小寺廟各設二名」，同時強調「本戶不及三丁，及十六歲
以上，不許出家，違例者治罪，僧道官及住持知而不舉者，一併治
罪，罷職還俗」。[43]康熙十五年時，朝廷頒布較為嚴格的度牒政策，規
定「凡僧尼道士，不領度牒私自出家者，杖八十為民。有將逃亡事故
度牒，頂名冒替者，笞四十，度牒入官，該管僧道官皆革職還俗」，
並規定「直省僧道，停止給予度牒」。[44]但實際上，康熙帝本人並不抵
觸佛教，特別是中年以後，康熙皇帝對佛教更多持扶持態度。他不僅
下旨在京畿地區興建定慧寺、廣通寺、顯應寺等寺廟，還為大量佛教
寺院題額寫碑，以致有「天下有名廟宇禪林，無一處無朕御書匾額，
統計其數亦有千餘」之說。[45]加之在四方為官的滿族督撫大員多信奉
佛教，可以想見，康熙年間制定的佛教限制政策很難真正貫徹。就府
城地區來看，康熙年間府城官民興建不少佛教寺廟，可證這一時期是
府城佛教文化快速發展的時期。

雍正皇帝統治時期的佛教政策一依康熙時期，並未對限制佛教發
展政策做過多修改。但由於雍正皇帝是一個佛教徒，其對佛教發展自
然持友善態度。[46]他曾在給浙江巡撫李馥的朱批中表達過自己「三教
並重」的觀點：「粵溯道統之傳，堯舜以至周公、孔子，聖聖相承，
精一不雜，原無藉於釋道。自漢以來，三教流傳，炳若三光，屹然鼎
峙，歷千百年而不廢不墜，豈非道並行而不相悖歟？吾儒正新率性，

---

43 《欽定大清會典事例》卷501〈禮部〉〈方伎〉〈僧道〉，載《續修四庫全書》第806
　　冊（上海市：上海古籍出版社，1995年），頁13。

44 《欽定大清會典事例》卷501〈禮部〉〈方伎〉〈僧道〉，載《續修四庫全書》第806
　　冊（上海市：上海古籍出版社，1995年），頁14。

45 （清）康熙撰：《庭訓格言》（杭州市：浙江古籍出版社，2013年），頁133。

46 雍正皇帝是佛教信徒，受喇嘛教影響尤深，曾表示自己雖不出家，卻在家修行，自
　　號「圓明居士」、「破塵居士」。另據說雍正皇帝在青年時期，曾請人替自己出家
　　（參見史繼忠等：《歷代治黔方略（民族‧宗教卷）》，貴陽市：貴州教育出版社，
　　2013年，頁238）。

釋家明心見性，元門修心煉性，以言乎體則同。聖人之明德新民，如來之自利利他，太上之度人無量，以言乎用又同。……朕向來三教並重，一體尊崇，於奉佛敬仙之禮，不稍輕忽。」[47]雍正皇帝曾舍藩邸為雍和宮，並授予朝中親信大臣居士稱號，可以想見雍正年間的佛教發展環境是相當寬鬆的。

　　乾隆皇帝受其父雍正帝，以及其生母、篤信佛教之崇慶皇太后鈕鈷祿氏的影響，自幼便與一眾佛教高僧往來密切。雍正帝在位時曾欲對《大藏經》進行經版刊刻，乾隆帝登基後承其遺志，於乾隆三年十二月完成《大藏經》雕刻工作，並刊印百部以分賜天下寺院。為彌補無滿文《大藏經》的遺憾，乾隆三十七年特開清字經館，敕將漢、藏、蒙文《大藏經》悉心校勘，按部翻譯成滿文《大藏經》。譯經工作由三世章嘉國師主持，前後耗時十餘載，直至乾隆五十五年方才完成。[48]此外，乾隆帝「六次朝禮五臺山，躬謁金容，建醮講經，制碑題額，修葺寺宇；六下江南，幾乎無剎弗幸，敬僧禮佛，吟詩題詞，發揚乃父儒釋道三教並行不悖、釋道且有補于王道教化等觀點，反復公開強調儒釋同理、殊途同歸，梵宗儒理、本無二致等思想」，表明乾隆皇帝在護持佛教發展。[49]

　　嘉慶、道光等帝王繼統以後，也多聿遵先代遺風，於佛法三寶率多尊崇。故雖嘉慶以降清王朝內憂外患不斷，佛教依舊在最高統治者的認可、支援下不斷發展，唯速度不及康雍乾時期。總之，雖然康熙年間清政府制定了相對嚴苛的佛教政策，但由於清代帝王普遍對佛教發展持友善態度，這些政策並未得到有效貫徹。有清一代，府城佛教便在一種寬鬆的氛圍中迅速發展，達到古代佛教發展的頂峰。

---

47 《世宗憲皇帝朱批御旨》卷38，載《四部全書薈要》〈史部第102冊・詔令類〉（臺北市：世界書局，1988年），頁348。

48 陳慶英：〈章嘉・若必多吉與乾隆皇帝〉，《中國藏學》1988年第1期，頁121-130。

49 參見任宜敏：〈清代漢傳佛教政策考正〉，《浙江學刊》2013年第1期，頁7-22。

二 清代府城地區的佛寺興建與佛教發展

　　清康熙十五年之前，以流落海南的南明遺臣為代表的反清勢力不斷掀起反叛，因局勢不穩，這一時期府城的佛教並未有太大發展。康熙十五年，隨著海南局勢的穩定，府城地區的官、民、僧積極參與舊有寺廟的維護和新佛寺的興建。今茲依據相關文獻，對見於記載的府城寺廟給予簡單統計。

清代海南佛教寺塔興建、維護一覽表

名稱	位置	興建、維護情況
天寧寺	城北一里	明代被譽為「海南第一禪林」，乃府城僧綱司所在。康熙十八年，總兵佟國卿、副使范養民重修。乾隆十年，知縣楊宗秉倡捐修葺後殿，重建大殿、金剛殿，並重塑金像，複為風雨傾圮。三十八年，總兵李耀先首倡闔屬吏民捐修
大士庵	城內總鎮府左	明崇禎年間推官羅其倫建，咸豐年以前易名為准提閣
蓮花庵	在東門內	明崇禎年間指揮李開永妻王氏捐資創建
真如庵	在郡治西門外林公廟之左	
西竺庵	在北門外	康熙二十四年，文昌縣知縣馬日炳建
香嚴庵	在城外西南隅	初，僧別山募建，為颶風傾圮。康熙乙卯年，僧本資自曹溪來，居於此，分巡道範養民、瓊山縣知縣茹鉉為拓基創建。癸酉年，總鎮唐光堯重修前殿。乙酉年，樂會縣知縣繆宗儀為募修兩廡

名稱	位置	興建、維護情況
淨土庵[50]	在南門內縣學右	
明昌塔	府城北三里許下窯村	明萬曆年間知府塗文奎、給事許子偉倡建，後僧一瀝改建大悲閣。乾隆三年，僧法空重修。道光十六年，護道張堉首倡官紳同修大悲閣
文峰塔	城外西南隅八里許丁村橋南之高埠處	明末清初時已有，瓊人謂此為風水塔，關一郡文風盛衰，自塔圮六十餘年來，瓊郡科第寥寥。康熙四十三年知府賈棠於塔基處建長杆以助文明，瓊郡科第果有斬獲，於是賈公倡助重建。乾隆十一年，知縣楊宗秉重修。三十八年複圮，紳士吳位和、杜攀棱重建。道光五年，郡守呂子班集邑紳捐修
三多堂	在城外西南	乾隆十年，知縣楊宗秉倡捐募修，增建後殿祠宇
太華祠	在城西關	乾隆十一年，知縣楊宗秉倡捐募修
金粟庵	在二蘇祠右	明萬曆四十三年知府謝繼科創建，初建時在金粟泉上，後移建二蘇祠右。乾隆十二年知縣楊宗秉倡捐重修正殿三楹，增建右側禪堂三楹、大門三楹
淨禪院	在大挺都	院內祀符姓神，聖跡曆著，禱雨立應。乾隆十二年，知縣楊宗秉據鄉人呈請入志
觀音閣	在鎮署後	乾隆朝建
准提閣	在浮粟泉二蘇祠左	康熙五年，遊擊易知捐建。康熙二十五年，郡守佟湘年等以其地改建二蘇祠，移准提像於金粟庵

---

50 據民國《瓊山縣誌》卷5〈建置志〉〈壇廟〉，明萬曆四十七年所建之歐陽郡守遺愛祠曾在明清易代之際「為僧所占，改名淨土寺」，疑該淨土寺與南門內縣學右之淨土庵為一寺。

名稱	位置	興建、維護情況
地藏宮	在天甯寺左	明萬曆年間尚書王弘誨同鄉人募建，屢圮屢修，清人亦稱其為十王殿
大士院	在海口所南門內	明初建，成化間修，有碑
彌陀庵	在城東一里攀丹村	
白衣庵其一	原在城北五里官路，清初移建城南南橋之右	明萬曆三十六年，知府倪棟建清惠亭於城北五里官路，後鄉人於此募建白衣庵。順治間，署分巡兵學道戚元弼遷建南橋之右，仍舊名。雍正間，副使王元樞改名圓通寺
白衣庵其二	在城北五里官路	明萬曆三十六年，知府倪棟建清惠亭於城北五里官路，後鄉人於此募建白衣庵。順治間，署分巡兵學道戚元弼遷建南橋之右，仍舊名。然此庵移建後，「清惠亭側其庵尚存」，疑為鄉民續建
廣會寺	在總兵署左	明崇禎間推官羅其倫建
大慈寺	在郡城小北門外演武亭西	
泰華庵	在城西門內草衙巷	
萬壽庵	在城內丁字街	乾隆年間建
廣濟庵	在海口紅坎坡	乾隆三十四年，邑人嚴孔熾、鄭邦佐等建
西榮庵	在城西南右營守備署右	康熙年間文昌知縣馬日炳建，道光十六年重修
善惠庵	在郡城小北門外	康熙間建
西來庵	在城西南八里文峰塔旁	
清源庵	在郡城小南門外，雲路鵬程坊之側	
湧泉庵	在邁別一都	康熙年間，知府王公建。道光十年，鄉人重修

名稱	位置	興建、維護情況
慈濟庵	在城東九十里蘇尋二圖下村山地	乾隆四十八年，歲貢馮鳴甲母雲氏建，並立香燈田數十畝
涅槃塔	在府城南一百七十里西黎都嶺上	即宋代儒符石塔，此等佛教建築在明代多處於「半存半廢」狀態，清代佛教氛圍相對寬鬆，故復興
文筆塔	在府城西南四十里那秫村	乾隆二十八年，監生吳維均等捐建
文峰塔	在府城西四十里式金村前	例貢杜騰雲等捐建
普明寺	在府城南	乾隆十一年，知縣楊宗秉倡捐募，建於元普明寺舊址處
一粟庵	在城北浮粟泉山頂	清初建，光緒年間，住持僧修梅募捐重修，境地幽雅，風景宜人
仁心寺	在今海口市海甸	清嘉慶年間建
余慶庵	在今瓊山區靈山	清嘉慶年間建
龍華庵	在今瓊山市府城鎮新譚村	前殿有一高四十釐米、直徑三十釐米的小銅鐘，為清朝嘉慶十二年鑄造，為「爐下弟子」張□專為龍華庵所鑄西禪庵
西禪庵	在今海口市新華南路一二七號	
積善寺	在海口市大英山村	
萬緣佛堂	在海口市府城鎮宗伯里	建於清光緒九年，由香港山海寺僧人籌建
萬緣堂	在尚書直街	
順德堂	在尚書直街	
東成堂	在海口茵芝園村	
貞敬堂	在今海口市府城鎮尚書直街四十一號	建於光緒九年。光緒十年，村民再次集資擴建，並立碑紀念

名稱	位置	興建、維護情況
法隆寺	在今海口市大英山村	

材料來源：咸豐《瓊山縣誌》卷六〈建置志〉〈寺觀〉、乾隆《瓊山縣誌》卷二〈建置志〉〈寺觀〉、民國《瓊山縣誌》卷十三〈古蹟略〉、陳峰：《海南地區古今佛教寺塔碑像大觀》。

　　據上表，清代府城地區的佛教寺廟，僅見於文獻記載的就有將近五十座，其規模遠多於以往任何朝代。這些寺廟中，除少部分是宋明舊有建築外，其餘絕大多數為清代興建。咸豐《瓊山縣誌》卷六〈建置志〉〈寺觀〉對清代府城佛寺興建情況進行總結時指出：「瓊邑梵宮，多至一百數十所，不能悉采入編。」[51]可見清代府城地區佛教文化的繁盛，遠非表中所列佛寺能體現。從時間來看，康雍乾時期是絕大多數佛寺新建或重建的時期，這一時期可視為府城佛教文化發展的黃金期。當然，嘉慶以後府城地區的佛教文化依舊在不斷發展，只是速度略有放緩。清代府城地區的佛教建築名目繁多，寺、堂、庵、院、閣、塔應有盡有，其中庵的數量最多。與以往各朝相比，清代府城地區有不少佛教建築修建於村落或山嶺，如慈濟庵位於城東九十里蘇尋二圖下村山地，積善寺、法隆寺位於大英山村。村落地區佛教建築，特別是寺廟等規模較大之佛教建築的增多表明，清代府城地區的佛教文化與鄉村民眾信仰生活結合地更為緊密。

　　關於清代佛教，有一個十分值得注意的事件是首剎的變更。昔日的「海南第一禪林」天寧寺依舊是一座規模龐大的寺廟，這在本人的實地調研中得到證明。[52]除天寧寺外，清代府城地區還興建一座新的大型寺廟，即由白衣庵改建的圓通寺。萬曆三十六年，知府倪棟曾於

---

51 咸豐《瓊山縣誌》卷6〈建置志〉〈寺觀〉（海口市：海南出版社，2004年），頁302。
52 文化大革命期間天寧寺被毀，據當地民眾表述，被毀前的天寧寺是一座規模很大的佛寺。

城北五里官路側建清惠亭，當地鄉民於亭側募建白衣庵，此時的白衣
庵當時一個規模很小的庵堂。清順治間，署分巡兵學道戚元弼遷建南
橋之右，仍舊名。這一時期，白衣庵享有官方寺廟背景，其規模當有
所擴大。雍正年間，副使王元樞易其名為圓通寺。乾隆以後，圓通寺
是整個府城地區重修最為頻繁的寺廟。嘉慶二年，總鎮矣密揚阿在寺
後辟地建景遠亭。道光二年，瓊山知縣李景沆捐集商民重建佛殿。據
民國《瓊山縣誌》卷十七〈金石〉所收錄的李景沆〈重修彌勒殿碑
記〉有詳細記載：

> 至嘉慶丁巳，寺中蓮花並蒂呈祥，總戎西公、道憲俞公、府憲
> 葉公踵寺遊賞，因建景遠亭於寺後，並集紳士商民葺修大雄寶
> 殿、山門、牆垣。丙子蓮又開並蒂應瑞，中府常公重修亭，而
> 顏曰瑞蓮軒。丁丑，余膺簡命來宰瓊山。適逢道憲左公、府憲
> 史公遷建文昌閣於寺左，春秋祀典，每集於茲，得備遊觀。因
> 見彌勒殿自康熙癸未年經前兩任王公、劉公協力重修，曆今百
> 有餘歲，住持僧契誠時抱風雨飄搖之憂，向余叩為護法。余維
> 舉墜興廢，亦守土者之責，既有為之前，亦有為之後，況乃瓊
> 臺之首剎也哉。隨即捐俸，並集同寅紳士商民共成厥事，卜吉
> 興工，規模比前更加壯麗焉。工告竣，計費白金三百有奇，皆
> 僧獨負其事。[53]

通過碑記可知，作為清代「瓊臺之首剎」的圓通寺景色優美，是
官紳遊覽勝地。尤其是寺中蓮花頻繁出現並蒂祥兆，引起了地方僧俗
界的重視。道光二年重修時的碑記詳細記載了參與者的官職與姓氏，
茲列如下：

---

53 民國《瓊山縣誌》卷17〈金石〉（海口市：海南出版社，2004年），頁1011-1012。

署瓊州總鎮王、署海口協鎮劉、瓊山左堂沈、署軒瓊道洪、署
儋州知州錢、瓊山右堂尹、瓊州頜府史、澄邁知縣黃、金花村
溫鴻基拜書，道光二年歲在壬午桂月吉，住持僧意真誠立石。[54]

通過碑記署名可知，道光初年圓通寺的維修是瓊山士民通力合作
的大工程。這既能反映圓通寺在府城地區佛寺中的重要地位，還能彰
顯這一時期府城佛教文化的繁盛。

第三節　清代府城地區道教文化的發展特點

一　清代帝王對道教的態度

清軍入關之初，統治者為攏絡關內漢族勢力，對道教上層人物給
予諸多優待。如：順治六年清軍入關不久，即敕命龍虎山第五十二代
天師張應京襲職管理道教符籙事宜，兩年後又授其「正一嗣教大真
人」稱號，命其掌天下道教事，並賜一品印；[55]順治十三年，朝廷命
全真教龍門律宗第七代律師王長月「主講白雲觀，賜紫衣凡三次，登
壇說戒，度弟子千餘人」[56]；先天道創始人李廷玉也因率子弟歸順清
朝，被順治帝敕封為「先天九宮真人」[57]。在順治十三年，世祖章皇
帝曾宣諭禮部曰：「朕惟治天下必先正人心，正人心必先黜邪術。儒
釋道三教並垂，皆使人為善去惡，反邪歸正，尊王法而免禍患。」[58]

---

54 民國《瓊山縣誌》卷17〈金石〉（海口市：海南出版社，2004年），頁1012。
55 世祖敕諭：「清淨之教，亦所不廢，茲特命爾襲掌道籙，統帥族屬，務使異端方
　　術，不得惑亂愚民」。
56 （清）完顏崇實：〈昆陽王真人道行碑〉，載李養正編著：《新編北京白雲觀志》（北
　　京市：宗教文化出版社，2003年），頁716。
57 李國榮：《帝王與煉丹》（北京市：中央民族大學出版社，1994年），頁431-432。
58 《清實錄·世祖章皇帝實錄》卷104「順治十三年十一月辛亥條」（北京市：中華書
　　局，1985年），頁811。

可見雖然清世祖是佛教信徒，並秉持以儒教治世的理念，但他仍認為道教有「正人心」、「使人為善去惡，反邪歸正，尊王法而免禍患」的積極作用，故對道教發展持友善態度。

　　清聖祖康熙皇帝繼續貫徹順治帝攏絡道教上層人物的政策，具體表現為：十四歲即已襲爵的第五十四代天師張繼宗曾應詔祈雨立應，康熙皇帝大悅，命隨觀法員留京供事，賜龍虎山上清宮御書「大上清宮」額，並命張繼宗進香五嶽，複賜乾坤玉劍，賜帑銀修龍虎山殿宇，並在康熙四十二年誥授張繼宗「光祿大夫」，同時贈其祖張應京、其父張洪任（第五十三代天師）「光祿大夫」[59]；康熙帝還襃封全真派中興主將王長月為「抱一高士」，諭命在其墓地處建饗堂、立塑像，每逢忌日都會派遣官員致祭。[60]但需要指出的是，康熙帝襃封道教上層人物只是出於統治需要，其本人並不信奉道教。他曾作詩曰：「頹波日下豈能回，二氏（佛道）於今自可哀，何必辟邪猶泥古，留資畫景與詩材。」[61]在康熙帝看來，道教、佛教不應被「辟邪」的原因，僅僅是為「留資畫景與詩材」罷了。據清人王應奎的《柳南隨筆》，康熙帝曾寵倖一名叫朱方旦的道士。朱方旦「挾術遊公卿間」，其語言「多奇中」，康熙帝曾因此命其「館於內城，侍衛羅列，賜賚頻繁」。因有諸多神異之事相伴，朱方旦在王公貴族間頗負盛名，「一日禮之（方旦）為師者，自王而下，朝貴至數十人」。由於方旦所作預言皆「其婦出神告之」，在其婦死後朱方旦便「懵無所知」，朝中貴人無人念其舊情，方旦最終落得「有司捕下獄，尋棄市」的下場。[62]朱方旦的生平事蹟表明，康熙帝寵倖道士只是因道士能對其提供幫助，一旦

---

59 張金濤：《中國龍虎山天師道》（南昌市：江西人民出版社，2000年），頁226。

60 黃龍保、顏曉峰主編：《中國歷代反迷信縱橫談》（北京市：學習出版社，1999年），頁203。

61 《清朝野史大觀》卷11〈清代述異〉〈僧道不必沙汰〉（上海市：上海書店，1981年），頁128。

62 （清）王應奎撰：《柳南隨筆續筆》卷3（北京市：中華書局，1983年），頁47-48。

他們「懵無所知」，便可隨時捨棄。學者認為，朱方旦的一生「恰是清朝統治者對道教政策和態度的一種真實反映」[63]，筆者深然此論。

清世宗雍正皇帝可稱得上是對道教最為重視的清代帝王，他雖是佛教信徒，但對道教神仙方術之說亦頗信奉。雍正九年時，朝廷曾頒布上諭曰：「而釋氏之明心見性，道教之煉氣凝神，亦於吾儒存心養氣之旨不悖。且其教皆主於勸人為善，戒人為惡，亦有補於治化。道家所用經籙符章，能祈晴祈雨、治病驅邪，其濟人利物之功驗，人所共知。」[64]不僅肯定了道教「補於治化」的教化功能，還肯定了道教「濟人利物」的實用功能。現存清宮內務府檔案中，有不少關於雍正帝下旨設置道教鬥壇、神牌、符咒和諭令製作法衣、道冠等方面的內容；[65]雍正帝年間修建的圓明園建築中，有相當數量的道教建築，且雍正帝時常命道士在其中煉丹，表明其對道教確實比較信奉[66]。

總體上看，在順治、康熙、雍正三朝，清朝統治者注重攏絡道教上層人物。但自乾隆帝起，清朝統治者開始有意疏遠道教上層人物，並不斷削弱道教在清政府政治統治中的地位。清朝建立後曾沿襲明代舊例，以道士充太常寺樂官。乾隆帝因不喜道教，曾特諭廷臣曰：「二氏異樂，不宜用之（指道士），朝廷乃別選儒士為樂官，而令道士改業。」[67]為防止道士蠱惑民眾，乾隆四年時，朝廷出臺政策：「嗣後真人差委法員往各省開壇傳度，一概永行禁止。如有法員潛往各省考選道士，受（授）籙傳徒者，一經發覺，將法員治罪，該真人一併議處。」對道士傳法給予嚴格限制。[68]另，乾隆五年時，第五十六代

---

63 佟洵主編：《北京道教史》（北京市：宗教文化出版社，2013年），頁333。

64 《清朝續文獻通考》卷89〈選舉六〉（杭州市：浙江古籍出版社，2000年），頁8493。

65 李國榮：《帝王與煉丹》（北京市：中央民族大學出版社，1994年），頁442-447。

66 方曉風著：〈圓明園宗教建築研究〉，《故宮博物院院刊》2002年第1期，頁39-49。

67 《清朝野史大觀》卷11〈清代述異〉〈貶斥道教之歷史〉（石家莊市：河北人民出版社，1997年），頁128。

68 《清朝續文獻通考》卷89〈選舉六〉（杭州市：浙江古籍出版社，2000年），頁8494。

天師張遇隆欲進京隨班恭祝皇壽，但乾隆帝卻認為「道流卑職，不得濫廁班聯」，敕令禮部議定「嗣後正一真人不入班行」，並把正一真人的品秩由二品降為五品。[69]正一真人可稱得上是全國道教的門面，乾隆帝不僅不讓其進京祝壽，還以其為「卑職」，這無疑是對道教發展的一次重大打擊。

　　至嘉慶、道光年間，以正一真人為代表的道教上層人物與清廷的關係愈發疏離。嘉慶二十四年時，朝廷雖允許正一真人隨班「仍照舊例朝觀」，但規定「筵燕概行停止」，並指出「正一真人系屬方外，原不得與朝臣同列」[70]，有意將道教上層人物放在低於朝臣一等的位置。道光元年（1821），第五十九代天師張鈺本想趁新帝繼位「來京叩謁」，修復正一教與清廷的關係，但道光皇帝卻下令「停其朝觀，著不准來京」。[71]學者認為，此詔令實際上「割斷了封建統治者與道教的直接聯繫，道教的上層地位徹底衰落了」[72]。

　　總體上看，清代統治者，特別是乾隆以降的清代帝王對道教秉持「不廢其教，亦不用其言，聽其自生自息於天地之間」的態度[73]。在此背景下，道教發展呈現以下兩大特點：其一，宣導三教合一，通過援引儒教、佛教，從理論上尋求最高統治者的認可與支持，以免道教被清政府取締；其二，開始大規模向社會中下層滲透，以齋醮符籙取信於百姓，擴大道教在社會中下層的影響。[74]清代府城道教的發展方向即與此趨勢相吻合。

69　《清朝野史大觀》卷11〈清代述異〉〈貶斥道教之歷史〉（石家莊市：河北人民出版社，1997年），頁128。

70　《清朝續文獻通考》卷89〈選舉六〉（杭州市：浙江古籍出版社，2000年），頁8494。

71　《清朝續文獻通考》卷89〈選舉六〉（杭州市：浙江古籍出版社，2000年），頁8494。

72　卿希泰著：《簡明中國道教史》（成都市：四川人民出版社，2001年），頁167。

73　《金壺七墨》卷7，載《筆記小說大觀（第2編）》第7冊（臺北市：新興書局，1962年），頁3999。

74　參見周勇：〈明後期至清嘉道間統治者對道教的打壓及道教當的理論攀附〉，載詹石窗主編：《百年道學精華集成》第1輯（上海市：上海科學技術文獻出版社，2018年），頁64。

二 道教文化與清代府城民眾的信仰生活

（一）府城地區官方道教明顯衰落

因統治者有意疏遠道教，府城地區的官方道教文化較前代大為衰落，我們可以從官方道教宮觀——玄妙觀的衰落管窺一斑。玄妙觀的前身是宋代天慶觀，自宋代敕建後，它便一直是府城地區一座規模較大的官方道觀。元明時期，天慶觀更名為玄妙觀，地方政府對其維護不斷。在元代，玄妙觀是瓊州的「郡祝釐之地」，天曆二年元中央在此「立海南營繕提點所，秩正四品，隸龍翔總管府，有正一道士百餘員」[75]。在明代，玄妙觀是瓊州府道紀司所在，不僅府城地方官員對其修葺不斷，瓊州知府王修更是特為其題「瓊臺仙境」匾額。[76]但入清以後，玄妙觀的地位迅速衰落。

據民國《瓊山縣誌》卷十三〈古蹟志〉，入清之初玄妙觀曾易名為三星觀，最後更是直接更名為與佛教和民間信仰祠廟名稱頗為類似的「玉皇廟」。該道觀在清代僅重修三次，第一次是康熙二十年，第二次是乾隆三十八年，第三次是道光十年，其維護頻率甚至不及一座中等規模的官方佛寺。晚清海南名士張廷標曾為玉皇廟題詩，曰：「四壁生雲氣，尋幽更少留。短牆環列雉，遺像失青牛。古碣荒苔色，空庭老樹秋。道君當日詔，寂寞在林丘。」[77]清末瓊臺書院掌教林之椿亦曾作《玉皇廟》詩，云：「落日千林外，荒原古廟留。空堂飛蝙蝠，壞壁篆蝸牛。獨鳥時窺徑，哀蟲各怨秋。宣和遺碣在，何處有丹秋。」[78]「短牆環列雉，遺像失青牛。古碣荒苔色，空庭老樹秋」和「落日千林外，荒原古廟留。空堂飛蝙蝠，壞壁篆蝸牛。獨鳥

---

75 正德《瓊臺志》卷27〈寺觀〉（海口市：海南出版社，2006年），頁567。
76 萬曆《瓊州府志》卷4〈建置志〉〈寺觀〉（海口市：海南出版社，2003年），頁173。
77 民國《瓊山縣誌》卷13〈古蹟志〉（海口市：海南出版社，2004年），頁712。
78 民國《瓊山縣誌》卷13〈古蹟志〉（海口市：海南出版社，2004年），頁712。

時窺徑，哀蟲各怨秋」等詩句充分描繪了清代玉皇廟的破敗。顯然，在乾隆以降清代帝王刻意疏遠道教上層人物，並制定、落實諸多對道教發展不利政策的大背景下，地方上官方道教的處境可謂十分尷尬。即便府城官員仍偶爾對玉皇廟給予維護，也已不能扭轉清代官方道教衰敗的大趨勢。在中央、地方政府對道教不甚重視的大背景下，府城道教開始更多向社會中下層發展。

（二）清代府城道教對儒教、佛教文化的援引

在清代，原位於小北門內，由明代商人張朝肅捐建的三元宮，後來被商民錢中節、盛尚志遷建於北城外河畔。三元宮雖然是一座由民間力量主導的宮觀，但曾於道光十五年由護道張堉春率官紳重修，可見地方官員對其還算重視。清中後期中央政府刻意疏遠道教，民間力量成為道教發展的最主要憑藉。清朝末年時，位於城北天甯寺左的玉皇廟早已破敗不堪，但三元宮卻由「海口商人張煥詩、熊兆祥等捐資重建，較前更增式廊」。三元宮能在不利的環境下生存下來，當與該宮觀中不僅有玉皇閣等道教建築，還有觀音庵等佛教建築有關。[79]

除三元宮外，清代府城地區的不少道教俗神，也在尋求與儒教文化、佛教文化融合發展。如南宮廟中供奉著火雷、聖母、泰華三夫人，這三位夫人既是府城民眾供奉的境主神，也是道教神仙系統中地位較低的神祇。據文獻記載，南宮廟後修建有供奉白衣大士的專堂。除白衣大士外，南宮廟還「並祀里中明賢吳□齋、陳秀卿、唐必周、陳汝中四先生」。主祀道教俗神的南宮廟既祭祀佛教白衣大士，又供奉儒家賢德，呈現出明顯的三教合流特點。[80]

在清代道教政治地位削弱、道教理論創新乏力的大背景下，道教

---

79 民國《瓊山縣誌》卷13〈古蹟志〉（海口市：海南出版社，2004年），頁712。

80 康熙《瓊山縣誌》卷4〈建置志〉〈壇廟〉（海口市：海南出版社，2006年康熙二十六年本），頁63。

上層人物通過宣揚三教合一努力尋求社會上層認可已是大勢所趨。[81]
府城道教教化空間也開始不斷增加佛教、儒教祭祀元素，通過三教融
合的方式提高道教社會認可度，以便能繼續對府城官民的信仰生活產
生影響。

（三）道教與清代府城民眾節慶儀式

1 道教與正月府城地區的「行符」儀式

　　黃培平在《府城春秋》中對當下府城老城區的行符儀式有過介紹，
指出「『行符』是民間一種神靈把福、祿、壽送給百姓的祭祀活動，
象徵神靈給百姓驅邪趕晦，帶來家和業興、萬事如意的好年景」[82]。
當下府城老城區的行符時間是正月十二日至二十七日，在古代因計算
行符時間還需考慮到瓊山縣下轄鄉區，故民國《瓊山縣誌》謂「（正
月）六日後坊間村落行儺禮，設醮迎神，懸符逐疫」。[83]行符所行之
「符」為道士所做，在行符儀式舉行之前若干天，境主廟頭家們會籌
集活動經費、向道士請符，然後向每戶人家發放一張符咒，並根據每
戶人家丁口數量發放若干張「醮首」、「齋戒」符紙。符咒據說是雷
符，可以辟邪免災；發放「醮首」符的數量與每戶人家成年人數量相
同，發放「齋戒」符的數量與每戶人家未成年人的數量相同。[84]在行
符前一天晚上，頭家們會請道士到本村或本坊境主廟做道場。只有道

---

81 參見周勇：〈明後期至清嘉道間統治者對道教的打壓及道教當的理論攀附〉，載詹石
　　窗主編：《百年道學精華集成》第1輯（上海市：上海科學技術文獻出版社，2018
　　年），頁64-65。

82 黃培平：《府城春秋》（香港：香港金陵書社出版公司，2010年），頁137。

83 民國《瓊山縣誌》卷2〈輿地志〉〈節序〉（海口市：海南出版社，2004年），頁59-60。

84 當下府城有些民眾已不再嚴格遵循「醮首」符張數與家中成年人數量相同、「齋
　　戒」符張數與家中小孩兒數量相同的原則，二〇一八年六月二十三日，課題組兩位
　　成員曾採訪當地的林俊道士（亦是老師），他說「最好笑的是我問『醮首和齋戒』，
　　他們說隨便拿的，這樣成年人和小孩子就數不清楚了」。

士做完道場後，第二天才能行符。[85]行符當日，頭家們組織民眾將神像抬到本境每家每戶，家主會對神像行叩拜之禮，家內男女老少會從神像下來回穿過三次，表示沐浴神恩。「行符」當天還有一項大型活動，即抬神像巡城，並到關係親近之境區的境主廟拜年。府城民眾通過這種方式聯絡不同境區民眾的情感。巡城儀式結束後，神像會被抬回神廟，這時道士還要作法。在這場「行儺禮，設醮迎神，懸符逐疫」的大型儀式中，道士扮演著為民眾祈福驅瘟之神人的角色。[86]

當下府城民眾家門處張貼的「符咒」　　張貼在東門里境主廟關帝廟中的雷符

---

85 行符前一天，會根據本境頭家數量，在境區內路口、土地公廟處立若干竹竿，竹竿上懸掛有馬燈。行符結束後，這些竹竿、馬燈會分別由新上任頭家收走，寓意新的一年紅紅火火。

86 二〇一八年六月二十五日下午（農曆五月十二、關公誕前一天），瓊臺復興計畫課題組成員、中國社會科學院民族學與人類學研究所的碩士研究生宋丹同學曾對金花村林公廟頭家王先生、沈先生做過訪談。王先生、沈先生指出，現在他們林公廟一般是請靈山那邊的道士來做法事，平時他們請道士做法事，只會請一～二位，但行符那天晚上（實際是凌晨）會請六位道士來做法，足見當地人對「行符」儀式的重視。

　　在地方道士保存的道教典籍中，府城民眾的保護神——境主廟中供奉的境主神，不過是道教神仙譜系中的下層神明。這些神明在道教神仙體系中的職務，都是由道教三清敕封。此類神明的地位不及道士們所代表的上層神仙，他們在護佑一方百姓時，常常會出現能力不足的情況。因此，每當新年來臨時，這些神明都需要地位更高、能力更強之道士群體們的幫助。雖然清朝統治者對此類說法嗤之以鼻，但以府城民眾為代表的清代中下層人士卻對此深信不疑。

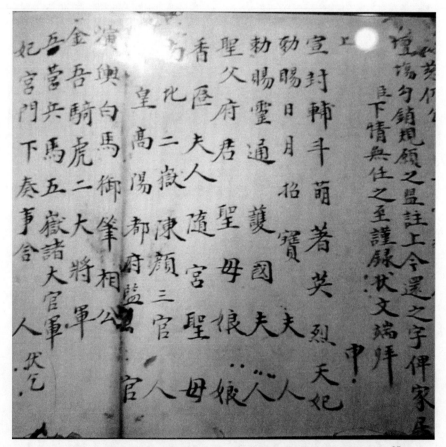

現存道教典籍中部分府城境主神在道教神明體系中「職務」[87]

2　兩年一度的神像翻新與神像「過火山」

在當下的府城，無論是當地民眾所說的外廟（多是古代官方祠廟，管轄範圍是整個府城，亦被稱為眾廟）還是內廟（主要指境主廟），都會定時對神像進行翻新（一般隔一年翻新一次）：將神像放在特定的缸中，用清水浸泡三天，然後請專業人士一點一點剝掉舊漆，粉上新漆。[88]重新上漆後，人們會用紅紙將神像的臉蒙上，等到特定的過火山時間，民眾會請道士們前來做道場，做完道場後人們會在道士的帶領下抬著神像「過火山」。過火山儀式從何時在府城普及已難以考究，但可以肯定的是在清代，此類儀式已在府城地區有規律的舉行。[89]據金花村林公廟頭家告知，現在他們村過火山時，會找村裡三十個左右的中青年男性一起來跳火（年齡一般在18-55歲之間）。燒火炭後，這三十幾個人會先跳，跳完後人們會把剩下的火炭鏟平，頭家們會抬著神像從炭上踩過來踩過去，來回三個回合。快結束時，神像坐著轎子，被抬到桌子上，然後把他們接下來放回原位。過火山儀式十分隆重，村裡的老人會拿嶄新的衣服、毛巾給道士，讓道士蓋章（古代應該是畫符）。到了晚上，人們把這些衣服、毛巾打包好，讓跳火的人綁在身上跳火山。[90]赤腳走過燒紅的火炭而不被灼傷，在一般民眾看來是十分神奇的事情，而這種神奇是道士們「神力」賦予的。當地民眾認為，參加過火山儀式可以驅邪免災。可見過火山與行符一樣，是道士幫民眾「免災」的儀式。

88　據鼓樓三聖宮頭家陳成雄告知，現在神像翻新主要請十字路、龍塘的人來做，每次花費約有一萬二千元。

89　當地道士林俊告知，清代府城地區的「過火山」已十分普遍。

90　林俊認為，每隔一年舉行一次神像過火山儀式是古代的做法。這些儀式的傳承表明，在清代甚至民國、共和國時期，道教在府城民眾心目中依舊有極高的地位。

3 道教與府城地區的中元節建醮

　　據民國《瓊山縣誌》，清代府城地區的七月十五中元節是一個大型的節慶：「七月十五為中元節，延僧道建醮，放焰口，賑孤鬼。相沿既久，有好事者廣勸捐題，籌集鉅款，有數千金者，有萬數千金者，開大道場，延僧徒數十，俗謂齋壇，道士數十，俗謂道壇。旛燈結彩，輝煌耀目，並用紙造玉皇臺、十王殿、五百羅漢，高搭彩棚，分建各街坊，演土戲三四臺。通衢棚蓋白布為幛，新色洋燈，異樣人物，誇多鬥靡，無奇不有，懸於蓋下。燈光燭天，歌聲沸地，遠近男女遊觀，晝夜不絕。人山人海，舉國若狂，俗謂大元。亦有借作元之名從中漁利，不畏人言，廣開攤館，多收陋規，借賭場為道場，傷財害民，為地方蠹，始風行於各市。光緒年間，海口商家郡垣紳耆互相效尤，日甚一日，甚至時非中元，任意建醮，自七月至十二月，無月不有。自開賭後，逢場作戲，開場建醮，志在斂財，貽害無窮。其禍甚於洪水猛獸，安得賢二千石嚴為禁絕，力挽頹風。」[91]在中元節慶儀式中，要請數十位道士「開大道場」，其影響範圍不僅涉及「各街坊」，還吸引「遠近男女」來「遊觀」。隨著清中後期官方道教的衰落，部分道士為了生計，開始與賭場合作，「借賭場為道場」。到了清末光緒年間，道教與不法商家同流合污，「甚至時非中元，任意建醮，自七月至十二月，無月不有」。王國憲對府城中元節節慶活動的描述表明，清代府城地區道士群體的生存環境已不及前代優越，在官方道教衰落、官方道觀經濟萎縮的情況下，道士群體開始向社會下層擴大影響。不過，從上元節慶「人山人海，舉國若狂」、被時人稱為「大元」來看，道教在府城社會生活中的影響依舊很大。當下，府城地區已沒有這樣的「大元」，想來這種陋習已在民國或共和國時期被徹底取締。

---

91 民國《瓊山縣誌》卷2〈輿地志〉〈節序〉（海口市：海南出版社，2004年），頁62。

　　總體上看，在失去了統治者的關照以後，府城地區的官方道教已徹底衰落，但道教的衰落並不等於被取締或消失。在三教合一觀念被整個社會認可的大背景下，道教通過於教化空間增添佛教、儒教信仰元素的方式獲得生機。同時，地方民眾對道士群體依舊十分崇敬，道教通過積極參與民間節慶儀式的方式向社會中下層延伸，並在此基礎上不斷擴大影響。

小結

　　雖然清朝皇室並未改變滿族固有傳統，在精神上保有自己的信仰。但在國家意識形態方面，清朝統治者始終秉持「入中國則中國之」的理念，在入關後推行「崇儒重道」政策，奠定了以儒教立國的基本方略。海南局勢穩定後，府城地區以瓊州府學、瓊山縣學為代表的一批舊官學很快恢復，以便能培養、教化一方民眾。除舊有官學外，在中央、地方政府的高度重視下，府城地區還興建了不下十七所書院。這些書院多有固定的學田和經費來源，師生待遇頗為優厚。它們與瓊州府學、瓊山縣學一樣，為儒家教化理念傳播做出積極貢獻。不僅儒學教育高度發達，清代府城地區的儒家祭祀文化也十分繁榮，據民國《瓊山縣誌》，僅「每春秋二仲或誕節皆官致祭」、「神號在祀典」的壇廟就有三十餘所，遠多於以往任何時期。在清代，府城地區的官方祭祀符號中不僅增加了不少功能型神祇，還增加了忠義孝悌祠、節孝祠等專門用來「褒已往而風後來」的、傳遞儒家教化理念的紀念性祠廟。顯然，儒家教化理念已在全面影響府城民眾的日常生活。

　　出於維護政治統治的目的，清政府制定了較為嚴苛的佛教政策，一再強調要限制地方僧尼和寺院的數量。但由於清代帝王多有崇敬佛教舉措，中央、地方官員亦普遍信奉佛教，使得清政府制定的佛教限制政策難以被真正貫徹。就文獻記載來看，府城地方官員積極參與佛

教寺院的維護和興建，承擔著推動地方佛教文化發展之擎旗手的角色。在地方官員的積極宣導，以及地方民眾的熱情參與下，府城很快成為「梵宮多至一百數十所」的佛教文化繁榮之地。與明代相比，清代府城地區的佛寺數量更多，分布也更加廣泛，不僅城區佛教文化蓬勃發展，在一些邊遠鄉村亦不乏佛寺興建。這一時期，佛教文化已深入至府城鄉村社會，其對府城民眾信仰生活的影響自然也較明代深入。

與儒教、佛教相比，清代道教的政治地位頗為尷尬。在順治、康熙、雍正時期，出於攏絡關內漢族勢力的目的，清朝統治者對道教上層人物尚比較優待，但自乾隆帝始，清代帝王開始有意通過疏離道教上層人物的方式削弱道教對清廷政治的影響。在失去皇權扶持後，清代官方道教迅速衰落。府城地區的玄妙觀本是府城道教建築的門面，但在清代，玄妙觀不僅更名成頗似民間信仰祠廟或佛教寺廟的「玉皇廟」，其中的道教建築也因缺乏維護而成為「空堂」、「壞壁」。此時，道教開始尋求與儒教、佛教融合，並通過三教合一的宣傳爭取社會輿論的支援。與此同時，府城道教開始大規模向社會中下層發展。在清代，以府城地區坊間、村落境主廟為核心的一系列節慶儀式都不乏道士們的參與，且道士們是以一個相對超然的姿態來為民眾做法，表明道教在民眾心目中依舊是神聖且不可替代的。當然，部分不良道士在生計受到威脅時，轉而與地方不良商家同流合污，借用中元節慶的名義斂取錢財，為禍甚巨。這類行為無疑損害了道教在府城民眾心目中的形象。

結語

　　海南府城是中國領土最南端的府城，也是中國南方海疆地區重要的政治、經濟、文化、軍事中心。從宋代開始，府城地區便一直是中原文化向海南傳播的前沿陣地。從某種程度上看，儒釋道文化在府城傳播是海南由「邊緣」演變為「華夏」進程的縮影。當下，學界比較熱衷用族群記憶的理論分析中國歷史上邊緣人群華夏化的問題。[1]但筆者認為，族群記憶建構在邊緣人群華夏化過程中並不其決定作用，因為在中國歷史上，邦國、部族自認為是三代聖王之後卻並未完成「華夏化」進程的情形並不鮮見。本研究認為，對漢地文化，特別是中央王朝正統信仰教化思想的認同，才是華夏邊緣地區成功轉變成華夏的最核心因素，海南由「蠻裔」演變為「神州」的過程無疑能支持本研究的觀點。

　　南朝蕭梁政權在海南島創置崖州後，海南再次納入中央王朝版圖。這一時期海南在行政上歸屬中央，但由於其治理權掌握在以高涼馮冼氏為代表的地方豪酋手中，中央政令難以深入貫徹，中原士人亦將其視為域外之區、蠻荒之地，可見行政歸屬並不是區分一個地方是「華夏」亦或是「邊緣」的最核心因素。唐中央為更好經略海南，通過職官制度改革等方式，將海南州郡守宰任命權收歸中央。從唐中後期開始，中原地區的職官銓選理念已在海南貫徹，唐代，特別是宋元時期，海南的制度文化與中原漢地的制度文化已無太大差別。但這一

1　該理論可參見王明珂：《華夏邊緣：歷史記憶與族群認同》（北京市：社會科學文獻出版社，2006年），頁122-208。

時期的海南仍受到中央統治者的歧視，該地依舊是貶謫罪臣的化外之區、蠻夷之地，與漢晉時期並無太大不同。由此可見，制度文化也不是區分一個地方是「華夏」亦或是「邊緣」的最核心因素。雖然宋元時期的海南依舊被海北漢人視為蠻荒之區，但值得注意的是，這一時期海北漢地文化，特別是為統治者大力提倡之官方信仰教化思想──儒釋道三教開始逐漸向海南推廣，且其對海南官民信仰的影響在不斷深入。儒釋道文化的傳播，縮小了海南、海北信仰文化的差距。入明以後，在中央、地方政府的重視下，三教，特別是儒教文化在海南傳播速度越來越快，海南、海北間的經濟文化差距已不甚明顯，海南的中心城市──府城更是一躍成為南方海疆頗負盛名的人文薈萃之地。從明代開始，最高統治者及海北士人已開始將海南視為「海濱鄒魯」，海南已完成了由「邊緣」到「華夏」、由「蠻裔」到「神州」的角色轉變。由此可見，對中央政府提倡之官方信仰教化思想的認同態度，才是決定一個地方是「邊緣」還是「華夏」的最核心因素。

　　弗雷澤認為，人類社會的「高級思想運動」發展進程主要經歷「巫術的」、「宗教的」、「科學的」三個階段。若僅著眼於西方，弗雷澤的觀點無疑是符合史實的。但若將研究範圍擴展至東方，特別是擴展至中國，弗雷澤的觀點便有可推敲處。因為在「巫術的」階段結束後，中國最先走完與政治統治結合進程的官方信仰教化思想，是制度性特徵並不明顯的儒教。後來，雖然佛教、道教等典型制度性宗教也走完與中國政治統治結合的過程，成為官方信仰教化思想的重要組成部分。但佛教、道教更多是在扮演輔助王化的角色，它們在官方信仰教化體系中並不居核心地位。因此筆者認為，我們很難將中國社會「高級思想運動」的第二個階段簡單概括為「宗教的」階段。本研究依據這一時期中國官方信仰文化發展特點，將其概括為「祀典─宗教」階段，以與西方國家「宗教的」階段相區別。在這一時期，中國的信仰文化氛圍遠比西方國家寬鬆，這主要是因為，中國官方信仰教

化思想的核心──儒教帶有十分明顯的無神論特點，使儒生能以相對公平且超脫的眼光對待各宗教、宗派的神明和教義。而同一時期西方國家的精英群體受天主教、東正教等本國官方信仰教化思想的制約，多認為自己信奉的神明才是真神，其教義才是真理，其餘宗教或教派信奉的神明和教義均為「異端」，此乃西方國家長期盛行宗教壓迫文化、長期陷入宗教戰爭泥潭之思維淵源。當下，把持國際輿論話語權的西方國家喜歡將中國稱為「信仰缺失」的國家，因為中國當下的官方信仰教化思想──中國化的馬克思主義思想是主張無神論的信仰教化思想。但通過對比中國「祀典──宗教」階段和西方國家「宗教」階段的信仰文化氛圍可知，主張無神論的官方信仰教化思想不僅不是「信仰缺失」的表現，反而有助於構建和諧有序的信仰文化氛圍。

參考文獻

一　古籍文獻

（一）史籍類文獻

（漢）司馬遷　《史記》　北京市　中華書局　2013年

（漢）班　固　《漢書》　北京市　中華書局　1962年

（晉）陳　壽　《三國志》　北京市　中華書局　1964年

（南朝宋）　范　曄《後漢書》　北京市　中華書局　1965年

（北齊）魏　收　《魏書》　北京市　中華書局　1974年

（唐）房玄齡　《晉書》　北京市　中華書局　1974年

（唐）李延壽　《南史》　北京市　中華書局　1975年

（唐）魏　徵《隋書》　北京市　中華書局　1973年

（後晉）劉　昫　《舊唐書》　北京市　中華書局　1975年

（宋）歐陽修　《新唐書》　北京市　中華書局　1975年

（宋）司馬光　《資治通鑑》　北京市　中華書局　1956年

（宋）李　燾　《續資治通鑑長編》　上海市　上海古籍出版社
　　　　1986年

（宋）王　稱　《東都事略》　濟南市　齊魯書社　2000年

（元）脫　脫《宋史》　北京市　中華書局　1975年

（明）宋　濂《元史》　北京市　中華書局　1976年

（清）張廷玉　《明史》　北京市　中華書局　1974年

（清）趙爾巽　《清史稿》　北京市　中華書局　1977年

（明）婁　性　《皇明政要》　載《續修四庫全書》第424冊　上海
　　　市　上海古籍出版社　1995年

（清）阿桂等《皇清開國方略》　載《文津閣四庫全書》第119冊
　　　北京市　商務印書館　2005年

《康熙朝起居注》　北京市　中華書局　1984年

《清實錄·世祖章皇帝實錄》　北京市　中華書局　1985年

（二）典制、禮制類文獻

（唐）杜　佑　《通典》　北京市　中華書局　1988年

（唐）蕭嵩等撰　《大唐開元禮》　載《文津閣四庫全書》第215冊

（宋）歐陽修　《太常因革禮》　載《叢書集成初編》第221冊　北
　　　京市　中華書局　2011年

（宋）王　溥　《唐會要》　北京市　中華書局　1955年

《宋大詔令集》　北京市　中華書局　1962年

（明）王　圻撰　《續文獻通考》　載《續修四庫全書》第763冊

（明）申行時等修，（明）趙用賢等纂　《大明會典》　載《續修四
　　　庫全書》第791冊

（明）俞汝楫　《禮部志稿》　載《文津閣四庫全書》第198冊

（明）徐學聚撰　《國朝典匯》　載《四庫全書存目叢書》史部第
　　　265冊　濟南市　齊魯書社　1996年

《大明律》　載《續修四庫全書》第862冊

《欽定大清會典事例》　載《續修四庫全書》第806冊

《清朝續文獻通考》　杭州市　浙江古籍出版社　2000年

（三）文人文集

（宋）蘇　軾著、李之亮箋注　《蘇軾文集編年箋注》　成都市　巴
　　　蜀書社　2011年

（宋）李　光　《莊簡集》　《宋集珍本叢刊》第34冊　北京市　線
　　　裝書局　2004年

（宋）真德秀撰　王雲五主編　《西山先聖真文忠公文集》　上海市
　　　商務印書館　1937年

（元）張養浩　《歸田類稿》　載《文津閣四庫全書》第398冊

（元）危　素　《說學齋稿》　載《文津閣四庫全書》第409冊

（明）朱元璋撰，胡士萼點較　《明太祖集》　合肥市　黃山書社
　　　1991年　頁378

（明）丁元薦　《尊拙堂文集》　載《四庫全書存目叢書》集部第
　　　171冊　別集類

（明）余繼登輯　《典故紀聞》　北京市　中華書局　1981年

（明）梅鼎祚編　《東漢文紀》　載《文津閣四庫全書》第467冊

（清）康　熙撰　《庭訓格言》　杭州市　浙江古籍出版社　2013年

（清）王應奎撰　《柳南隨筆續筆》　北京市　中華書局　1983年

（清）黃清憲　《半弓居文集》　上海市　上海社會科學院出版社
　　　2015年

（清）黃鈞宰　《金壺七墨》　載《筆記小說大觀（第2編）》第7冊
　　　臺北市　新興書局　1962年

（清）趙翼撰，王樹民校證　《廿二史劄記校證》　北京市　中華書
　　　局出版社　1984年

（民國）小橫香室主人校注　《清朝野史大觀》　石家莊市　河北人
　　　民出版社　1997年

（四）儒釋道文獻

《論語注疏》　載（清）阮元校勘　《十三經注疏》　臺北市　大化
　　　書局　1989年

《禮記正義》　載（清）阮元校勘　《十三經注疏》　臺北市　大化
　　　書局　1989年

（漢）班　固　《白虎通義》　載《文津閣四庫全書》第280冊

（漢）張　角撰，王明校注　《太平經合校》　北京市　中華書局
　　　1960年

（東晉）葛　洪撰，王明校注　《抱樸子內篇校釋》　北京市　中華
　　　書局　1980年

（南朝宋）陸修敬撰　《陸先生道門科略》　載《道藏》第24冊　北
　　　京市　文物出版社　上海市　上海書店　天津市　天津古籍
　　　出版社　1988年

（南朝梁）僧　祐　《弘明集》　載《文津閣四庫全書》第349冊

（唐）道　宣　《廣弘明集》　載《文津閣四庫全書》第349冊

（日）真人元開撰，汪向榮校注　《唐大和上東征傳》　北京市　中
　　　華書局　1979年

（宋）釋惠洪撰，（日）釋廓門貫徹注、張伯偉點校　《注石門文字
　　　禪》　北京市　中華書局　2012年

（元）釋念常　《佛祖歷代通載》　載《文津閣四庫全書》第351冊

（元）釋道邁　《至元辨偽錄》　載《大正新修大藏經》第52冊　臺
　　　北市　新文豐出版公司　1983年

（元）丘處機撰，趙衛東輯校　《丘處機集》　濟南市　齊魯書社
　　　2005年6月

（明）釋大聞輯　《釋鑑稽古略續集》　載《續修四庫全書》第1288冊

（明）湛若水　《格物通》　載《文津閣四庫全書》第238冊

（明）徐一夔等　《明集禮》　明嘉靖間內府刊本

（五）地志、方志類文獻

（唐）劉　恂撰，商璧等校補　《嶺表錄異校補》　南寧市　廣西民
　　　族出版社　1988年

（宋）王　存撰，王文楚等點校　《元豐九域志》　北京市　中華書
　　　局　1984年

（宋）樂　史撰，王文楚等點校　《太平寰宇記》　北京市　中華書
　　　局　2007年11月

（宋）王象之　《輿地紀勝》　杭州市　浙江古籍出版社　2012年

（明）何喬遠　《名山藏》　載《續修四庫全書》第426冊

（明）唐　冑　正德《瓊臺志》　海口市　海南出版社　2006年

（清）顧炎武　《肇域志》　載《續修四庫全書》第592冊

萬曆《瓊州府志》　海口市　海南出版社　2003年

康熙《瓊山縣誌（康熙二十六年本）》　海口市　海南出版社　2006年

乾隆《瓊州府志》　海口市　海南出版社　2006年

道光《瓊州府志》　海口市　海南出版社　2006年

道光《廣東通志》　上海市　商務印書館　1934年

咸豐《瓊山縣誌》　海口市　海南出版社　2004年

民國《瓊山縣誌》　海口市　海南出版社　2004年

二　近人、今人研究性文獻（按姓名筆畫排列）

（一）專著

（日）小林正美著，李慶譯　《六朝道教史研究》　成都市　四川人
　　　民出版社　2001年3月

（英）詹姆斯・喬治・弗雷澤著，徐育新等譯　《金枝——巫祝與宗
　　　教之研究》　北京市　大眾文藝出版社　1998年

（瑞典）多桑著，馮承鈞譯　《多桑蒙古史》　北京市　中華書局
　　　1962年

王明珂　《華夏邊緣：歷史記憶與族群認同》　北京市　社會科學文
　　　獻出版社　2006年

王鈞林　《中國儒學史（先秦卷）》　廣州市　廣東教育出版社，
　　　1998年

牛志平　《海南文化史》　海口市　海南出版社、南方出版社　2008年

司徒尚紀　《海南島歷史上土地開發研究》　海口市　海南出版社　1992年

皮慶生　《宋代民眾祠神信仰研究》　上海市　上海古籍出版社　2008年

周偉民、唐玲玲　《海南通史》　北京市　人民出版社　2017年

徐復觀　《兩漢思想史（第1卷）》　上海市　華東師範大學出版社　2004年

卿希泰著　《簡明中國道教史》　成都市　四川人民出版社　2001年

陳　垣　《道家金石略》　北京市　文物出版社　1988年

陳　峰　《海南古今佛教寺塔碑像大觀》　北京市　中華出版社　2001年

閆孟祥　《宋代佛教史》　北京市　人民出版社　2013年12月

張金濤　《中國龍虎山天師道》　南昌市　江西人民出版社　2000年

張朔人　《明代海南文化研究》　北京市　社會科學文獻出版社　2013年10月

黃培平　《府城春秋》　香港　香港金陵書社出版公司　2010年

喬　吉　《蒙古族全史・宗教卷》　呼和浩特市　內蒙古大學出版社　2011年

湯用彤　《漢魏兩晉南北朝佛教史》　北京市　北京大學出版社　2011年

賈　豔　《漢代民間信仰與地方祭祀研究》　濟南市　山東大學出版社　2011年

雷　聞　《郊廟之外》　北京市　生活・讀書・新知三聯書店　2009年

趙秩峰　《明代國家宗教管理制度與政策研究》　北京市　中國社會科學出版社　2008年

劉伯驥　《廣東書院制度改革》　上海市　商務印書館　1939年

劉康樂　《明代道官制度與社會生活》　北京市　金城出版社　2018年1月

（二）科研論文

甘懷真　〈中國中古郊祀禮的源流與特質〉　載余欣主編　《中古時代的禮儀、宗教與制度》　上海市：上海古籍出版社　2012年6月

田德毅　〈佛教東來與海南寶島之猜想〉　《世界宗教文化》2013年第1期

任宜敏　〈元代宗教政策略論〉　《文史哲》2007年第4期

任宜敏　〈清代漢傳佛教政策考正〉　《浙江學刊》2013年第1期

李四龍　〈論儒釋道「三教合流」的類型〉　《北京大學學報》哲學社會科學版　2011年第2期

吾　淳　〈馬克思韋伯比較儒教與猶太教：未徹底祛魅的理性主義與徹底祛魅的理性主義〉　《現代哲學》2018年第6期

汪桂平　〈唐宋時期的海南道教〉　載詹石窗主編　《老子學刊》2017年第2輯　成都市　巴蜀書社出版社　2017年

周　勇　〈明後期至清嘉道間統治者對道教的打壓及道教當的理論攀附〉，載詹石窗主編　《百年道學精華集成》第1輯　上海市　上海科學技術文獻出版社　2018年

曾召南　〈白玉蟾生卒及事蹟考略〉　載詹石窗主編　《百年道學精華集成》第3輯《人物門派》　上海市　上海科學技術文獻出版社　2018年

楊俊峰　〈五代南方王國的封神運動〉，載《漢學研究》（臺灣）第28卷第2期

趙克生　〈明代生祠現象探析〉　載王雪萍主編　《傳統與現代：中國歷史學研究十年》　哈爾濱市　黑龍江大學出版社　2011年

譚其驤　〈自漢至唐海南島歷史政治地理〉　《歷史研究》1988年第
　　　　5期

（三）學位論文

陳柳榮　《古代佛教在海南島的傳播研究》　海南師範大學2016年碩
　　　　士學位論文
黃秋麗　《瓊山縣在海南歷史上的重要地位及發掘其歷史文化資源的
　　　　設想》　海南師範大學2013年碩士學位論文
楊小薇　《元代海南文化研究》　海南師範大學2013年碩士學位論文

哲學研究叢書·學術思想叢刊 0701022

宋至清代儒釋道文化在海南府城傳播問題研究

作　　者	李金操
責任編輯	官欣安

發 行 人	林慶彰
總 經 理	梁錦興
總 編 輯	張晏瑞
編 輯 所	萬卷樓圖書股份有限公司
	臺北市羅斯福路二段 41 號 6 樓之 3
	電話　(02)23216565
	傳真　(02)23218698

發　　行	萬卷樓圖書股份有限公司
	臺北市羅斯福路二段 41 號 6 樓之 3
	電話　(02)23216565
	傳真　(02)23218698
	電郵　SERVICE@WANJUAN.COM.TW
香港經銷	香港聯合書刊物流有限公司
	電話　(852)21502100
	傳真　(852)23560735

ISBN 978-986-478-460-8

2021 年 5 月初版

定價：新臺幣 320 元

如何購買本書：

1. 劃撥購書，請透過以下郵政劃撥帳號：
   帳號：15624015
   戶名：萬卷樓圖書股份有限公司

2. 轉帳購書，請透過以下帳戶
   合作金庫銀行　古亭分行
   戶名：萬卷樓圖書股份有限公司
   帳號：0877717092596

3. 網路購書，請透過萬卷樓網站
   網址　WWW.WANJUAN.COM.TW

大量購書，請直接聯繫我們，將有專人為您服務。客服：(02)23216565 分機 610

如有缺頁、破損或裝訂錯誤，請寄回更換

版權所有·翻印必究

Copyright©2021 by WanJuanLou Books CO., Ltd.

All Rights Reserved　　**Printed in Taiwan**

國家圖書館出版品預行編目資料

宋至清代儒釋道文化在海南府城傳播問題研究
/李金操著. -- 初版. -- 臺北市 ： 萬卷樓圖書股
份有限公司, 2021.05
　面；　公分
ISBN 978-986-478-460-8(平裝)
1.儒家 2.佛教 3.道教 4.思想史 5.海南省

112　　　　　　　　　　　　　110005497